隨身版

觀無量壽佛經白話解釋

黃智海／著

笛藤出版

前言

在眾多佛教入門的佛經釋注、解釋的書中，黃智海居士的著作的確給初入門的人開了一道「方便」之門，將經文做逐字逐句的解釋，不僅詳盡，且又淺顯易懂。

因為時代的變遷、進步，原書老式的排版，對現在讀者的閱讀習慣較吃力困難，因此，本社重新編成「新版」，使大家可以輕鬆地看佛書、學習佛法。另外，為了讓讀者便於攜帶閱讀，特別將開本縮小，但字體儘量維持大字、清晰，閱讀不吃力且加深記憶。

本書有些地方將原文稍做修改，特記如下：

1. 標點符號使用新式標點的編排。新版的標點有些地方並不符合標準的標點符號，為了符合演述者的口氣，儘量保存原有的風味敬請察諒。

2. 內容太長的地方加以分段。

3. 民國初時的白話用字改成現今的用字，例如「彀」改成「夠」。「箇」改成「個」。「纔」改成「才」。「末」改成「麼」……等等意思相同的普通話。

4. 有一些地方方言上的語氣詞改成一般普通話的說法或刪除掉。例如：「同了」改成「和」或「與」，「那」、「了」、「的」、「是」的刪除。

5. 括弧內解釋的部分用**顏色**印刷，和本文區隔，使讀者更容易讀解。

希望稍做改版後的書，能夠對讀者有所助益，有疏漏的地方，敬請不吝指正是幸。

本社編輯部謹識

目次

觀無量壽佛經白話解釋序

塵空法師

佛法普遍於法界，佛性普具於有情，眾生皆可成佛，諸佛皆有淨土。一切大乘佛法，都是嚴淨佛土之行。故淨土法門，廣大深圓，統攝諸宗，普被群機，在佛法中居極高之地位也。十方諸佛雖有無量無邊的淨土，然而釋迦世尊乃偏讚西方極樂淨土，蓋彌陀總集十方淨土之殊勝，而成為極樂淨土也。彌陀淨土法門，遍見於大乘方等諸經論中；而專說者，向為三經一論，即無量壽經、觀無量壽佛經、阿彌陀經、與天親菩薩之往生論也。

近代印光大師，復於三經之後，加楞嚴經的大勢至菩薩念佛圓通章，與華嚴經的普賢菩薩行願品，為淨土五經。助顯淨教，暢佛本懷。惟舊譯經典，文詞簡古，加以佛理幽深，名相眾多，非廣大群眾所能領會。黃涵之居士，久發大心，願力宏深。曾著初機淨業指南，及阿彌陀經白話解釋，心經白話解釋，朝暮課誦白話解釋等。三十年來，發行數十萬冊，接引初機，收效甚溥。其於佛法理性之見地，與名相之解釋，透徹圓融，正確扼要，早得印光諦閑諸大師之印可。近雖年逾古稀，復應淨業同人之勸請，發願完成淨土五經之白話解釋。頃得閱觀無量壽佛經白話解釋全稿，淺顯明白，每段先解單字和名詞，次釋義理。新穎扼要，妙義叢生。而且解中又加解，釋中亦加解。如教蒙童語，惟恐學者不能盡知，悲心切切，詳盡無遺。一般初學大眾，得此亦可以無師自通。

淨土法門的修持，即持名念佛與觀想念佛。本經以觀想為主，故俗稱十六觀經。佛因韋提希遭惡子之難，愁憂憔悴，至心懇禱，教觀清淨業處。亦令未來世一切凡夫，欲修淨業者，得生西方極樂國土，說淨業三福，為往生的正因。又以異方便說十六妙觀，使其觀想成就，親見極樂世界依正莊嚴，蒙佛授記，淨除無量劫業障生死之罪，臨終決定往生；又說九品往生之因，使行者期修上品，有所依據，心安理得。若行者分別心強僅持名而不得一心者，應依本經如理作意，假觀想力，當能速得成就淨業。竊以為一般所謂淨土法門，係仗他力者乃就下品往生說耳。若欲上品上生，猶應以自力為重。試觀本經的發三種心，修三種福，及各種觀想成就，乃至阿彌陀經亦說「不可以少福德善根，得生彼國」皆須身心精勤之自力也。

一九五三年夏至日　普陀山塵空謹序於上海

觀無量壽佛經編成白話的原因

我從前把阿彌陀經用白話來詳細解釋後，排印出版，初學佛法的居士，都說容易懂得。後來我又把各處寺廟和法會裏，做早課夜課所用的朝暮課誦，也完全用白話來解釋。因為朝暮課誦裏，有許多不是常見的名詞，和很深的道理，是很不容易懂的。我用白話把一個一個名詞，一種一種道理，詳細解釋，另外印成一本「佛法大意」。看「朝暮課誦」的居士，先把「佛法大意」看明白了，再看「朝暮課誦白話解釋」，就更加容易明白了。現在都已經出版了。

我把「朝暮課誦」解釋圓滿後，又把在家修行的人，最喜歡念誦的觀世音菩薩的心經和普門品，也都用白話解釋完了。正想請大法師修正鑒定的時候，有許多居士常常向我說道：你既然是上印下光大師的皈依弟子，大師一生專門勸化信佛的人，一心修淨土，你為什麼不把大師所選定的淨土五經，都用白話來解釋一遍，使初學修淨土的居士，都可以明白五種淨土經的道理，這樣修起來不是更加容易往生西方嗎？我聽了這話，覺得做弟子的，應該要遵從老師的願心，幫助修行居士們，趕快往生淨土。所以就先把淨土五經裏的普賢行願品，和大勢至菩薩的念佛圓通章，都照阿彌陀經白話解釋的格式，解釋完了。現在已經請大法師修正鑒定，不久也可以出版了。

現在我又把這部觀無量壽佛經，先用白話來解釋。以後就可以解釋無量壽經了。先師所定的淨土五經，總算解釋圓滿了。但是我從前用白話來解釋阿彌陀經，和朝暮課誦的時候，有一位顧顯微居士，也是皈依印光大師的。我有不明白的名詞，或是深奧的道理，都是顧居士幫我解釋的。現在顧居已經生西多年了，我所解釋的經文，恐怕錯誤的地方很多。所以我再三懇求塵空大法師，費了好多的精神，許久的時間，詳細修改過，才出版印行的。還有已經解釋的觀世音菩薩普門品，和心經，等到請大法師修改完全，就可以陸續付印了。我還要向各位說明白，這部觀無量壽佛經裏，陌生的名詞，和講理性的地方有很多。我學佛功夫太淺，不能夠解釋得明白清楚，覺得很慚愧。不過要修觀想法門，能夠明白深的道理，當然是最好。倘若不能夠明白透徹，也不要緊的，儘管照經裏所說的法門修上去。功夫深了，自然會明白。還有一句話，要告訴各位居士，凡是看我編的各種白話解釋，其中意義很深的，或是很繁雜的名詞，凡是前面已經解釋過了，後面又有，就不再解釋了，免得重覆。所以各位居士看到名詞的解釋，要特別注意，免得後面再有時，還是苦於解釋不出。

黃智海謹識

佛說觀無量壽佛經　全文

劉宋西域三藏法師畺良耶舍譯

如是我聞：一時佛在王舍城，耆(ㄑㄧˊ)闍(ㄕㄜˊ)崛(ㄐㄩㄝˊ)山中， 109

與大比丘眾，千二百五十人俱，菩薩三萬二千，

文殊師利法王子而為上首。 112

爾時，王舍大城，有一太子，名阿闍(ㄕㄜˊ)世。

隨順調達，惡友之教，收執父王，頻(ㄆㄧㄣˊ)婆娑(ㄙㄨㄛ)羅， 116

幽閉置於，七重室內，制諸群臣，一不得往。 118

國太夫人，名韋提希，恭敬大王。

澡浴清淨，以酥蜜和麨，用塗其身。

119 諸瓔珞中盛，蒲萄漿，密以上王。

爾時，大王，食麨飲漿，求水漱口。

漱口畢已，合掌恭敬，

121 向耆闍崛山，遙禮世尊，而作是言：

123 大目犍連，是吾親友，願興慈悲，授我八戒。

時目犍（ㄐㄧㄢ）連，如鷹隼（ㄓㄨㄣˇ）飛，疾至王所。
日日如是，授王八戒。
世尊亦遣尊者富樓那，為王說法。
如是時間，經三七日。
王食麨（ㄔㄠˇ）蜜，得聞法故，顏色和悅。
時阿闍（ㄕㄜˊ）世，問守門者：父王今者，猶存在邪？
時守門人白言：大王，國太夫人，

身塗麨(ㄔㄠˇ)蜜，瓔(ㄧㄥ)珞(ㄌㄨㄛˋ)盛漿，持用上王。 131

沙門目連，及富樓那，從空而來，

為王說法，不可禁制。 132

時阿闍(ㄕㄜˊ)世，聞此語已，怒其母曰：

我母是賊，與賊為伴。

沙門惡人，幻惑咒術，令此惡王，多日不死。 133

即執利劍，欲害其母。

時有一臣，名曰月光，聰明多智，及與耆(ㄑㄧˊ)婆，
為王作禮，白言： 135
大王！臣聞毗(ㄆㄧˊ)陀論經說：
劫初以來，有諸惡王，貪國位故，
殺害其父，一萬八千，未曾聞有，無道害母。 137
王今為此，殺逆之事，汙剎(ㄔㄚˋ)利種，
臣不忍聞，是旃(ㄓㄢ)陀羅，我等不宜，復住於此。 139

141 時二大臣，說此語竟，以手按劍，卻行而退。

142 時阿闍世，驚怖惶懼，告耆婆言：汝不為我邪？

耆婆白言：大王，慎莫害母。

王聞此語，懺悔求救，即便捨劍，止不害母。

143 勅語內官，閉置深宮，不令復出。

時韋提希，被幽閉已，愁憂憔悴。

146 遙向耆闍崛山，為佛作禮，而作是言：

如來世尊！在昔之時，恆遣阿難(ㄋㄢˊ)，來慰問我。
我今愁憂，世尊威重，無由得見，
願遣目連尊者、阿難(ㄋㄢˊ)，與我相見。 147
作是語已，悲泣雨淚，遙向佛禮。
未舉頭頃，爾時，世尊，在耆(ㄑㄧˊ)闍(ㄕㄜˊ)崛(ㄐㄩㄝˊ)山，
知韋提希心之所念， 149
即敕大目犍(ㄐㄧㄢ)連，及以阿難，從空而來。

151 佛從耆闍崛山沒，於王宮出。

時韋提希，禮已舉頭，

152 見世尊釋迦牟尼佛，身紫金色，坐百寶蓮華。

目連侍左、阿難侍右。

153 釋梵護世諸天，在虛空中，普雨天華，持用供養。

時韋提希，見佛世尊，自絕瓔珞，舉身投地，

156 號泣向佛，白言：

世尊！我宿何罪，生此惡子？

世尊復有，何等因緣，與提婆達多，共為眷屬？ 157

惟願世尊，為我廣說，無憂惱處，

我當往生，不樂閻浮提，濁惡世也。 159

此濁惡處，地獄、餓鬼、畜生、盈滿，多不善聚。 166

願我未來，不聞惡聲，不見惡人。

今向世尊，五體投地，求哀懺悔。

唯願佛日，教我觀於，清淨業處。 169

二、正宗分

爾時，世尊，放眉間光。

其光金色，徧照十方，無量世界。

還住佛頂，化為金臺，如須彌山。 172

十方諸佛，淨妙國土，皆於中現。 174

或有國土，七寶合成。復有國土，純是蓮華ㄏㄨㄚˊ。

復有國土，如自在天宮。復有國土，如玻璃鏡。

十方國土，皆於中現。

有如是等，無量諸佛國土，嚴顯可觀，令韋提希見。

175

時韋提希白佛言：

世尊！是諸佛土，雖復清淨，皆有光明，

我今樂生，極樂世界，阿彌陀佛所。

惟願世尊，教我思惟，教我正受。

爾時，世尊，即便微笑。

有五色光，從佛口出。一一光照，頻(ㄆㄧㄣˊ)婆娑(ㄙㄨㄛ)羅王頂。

爾時，大王，雖在幽閉，心眼無障。

遙見世尊，頭面作禮，自然增進，成阿那含。

爾時，世尊，告韋提希：汝今知不？

阿彌陀佛，去此不遠。

汝當繫念，諦觀彼國，淨業成者。 183

我今為汝，廣說眾譬。

亦令未來世，一切凡夫，

欲修淨業者，得生西方，極樂國土。 185

欲生彼國者，當修三福。

一者、孝養父母，奉事師長，慈心不殺，修十善業。 186

二者、受持三歸，具足眾戒，不犯威儀。 188

三者、發菩提心，深信因果，讀誦大乘，勸進行者。

如此三事，名為淨業。 191

佛告韋提希：汝今知不？

此三種業，乃是過去、未來、現在、三世諸佛，

淨業正因。 194

佛告阿難，及韋提希：諦聽！諦聽！善思念之。

如來今者，為未來世，一切眾生，

為煩惱賊之所害者，說清淨業。195
善哉！韋提希，快問此事。
阿難！汝當受持，廣為多眾，宣說佛語。197
如來今者，教韋提希，及未來世，一切眾生，
觀於西方，極樂世界。198
以佛力故，當得見彼，清淨國土。
如執明鏡，自見面像。

見彼國土，極妙樂事，心歡喜故，
應時即得，無生法忍。199
佛告韋提希：汝是凡夫，心想羸劣，
未得天眼，不能遠觀。
諸佛如來，有異方便，令汝得見。201
時韋提希白佛言：
世尊！如我今者，以佛力故，見彼國土。

若佛滅後，諸眾生等，濁惡不善、五苦所逼，

云何當見，阿彌陀佛，極樂世界？ 203

佛告韋提希：

汝及眾生，應當專心，繫念一處，想於西方。

云何作想？凡作想者，一切眾生，自非生盲，

有目之徒，皆見日沒。 205

當起想念，正坐西向，諦觀於日，欲沒之處。

207 令心堅住，專想不移，見日欲沒，狀如懸鼓。
既見日已，閉目開目，皆令明了。

208 是為日想，名曰初觀。

209 次作水想，見水澄清，亦令明了，無分散意。

210 既見水已，當起冰想，見冰映徹，作琉璃想。
此想成已，見琉璃地，內外映徹，

211 下有金剛，七寶金幢(ㄔㄨㄤˊ)，擎(ㄑㄧㄥˊ)琉璃地。

其幢(ㄔㄨㄤˊ)八方，八楞(ㄌㄥˊ)具足。一一方面，百寶所成。
一一寶珠，有千光明。一一光明，八萬四千色，
映琉璃地，如億千日，不可具見。 212
琉璃地上，以黃金繩，雜廁間錯，
以七寶界，分齊分明。一一寶中，有五百色光，
其光如華，又似星月，懸處虛空，成光明臺。 213
樓閣千萬，百寶合成。

於臺兩邊，各有百億華幢、無量樂器，以為莊嚴。215

八種清風，從光明出，

鼓此樂器，演說苦、空、無常、無我之音。

是為水想，名第二觀。216

此想成時，一一觀之，極令了了，

閉目開目，不令散失。

唯除食時，恆憶此事，

如此想者，名為麤(ㄘㄨ)見，極樂國地。 220

若得三昧，見彼國地，了了分明，不可具說。

是為地想，名第三觀。 222

佛告阿難：汝持佛語，為未來世，一切大眾，

欲脫苦者，說是觀地法。

若觀是地者，除八十億劫，生死之罪。

捨身他世，必生淨國，心得無疑。 223

作是觀者，名為正觀。若他觀者，名為邪觀。225
佛告阿難，及韋提希：地想成已，次觀寶樹。
觀寶樹者，一一觀之，作七重行樹想。226
一一樹，高八千由旬。
其諸寶樹，七寶華(ㄏㄨㄚ)葉，無不具足。
一一華葉，作異寶色。227
琉璃色中，出金色光。玻璃色中，出紅色光。

瑪瑙色中，出硨磲光。硨磲色中，出綠真珠光。

珊瑚琥珀、一切眾寶，以為映飾。229

妙真珠網，彌覆樹上。一一樹上，有七重網。

一一網間，有五百億，妙華宮殿，如梵王宮。230

諸天童子，自然在中。

一一童子，有五百億，釋迦毗楞伽摩尼寶，以為瓔珞。232

其摩尼光，照百由旬，

猶如和合，百億日月，不可具名。 233
眾寶間錯，色中上者。
此諸寶樹，行行相當，葉葉相次。
於眾葉間，生諸妙華（ㄏㄨㄚ），華（ㄏㄨㄚ）上自然有七寶果。
一一樹葉，縱廣正等，二十五由旬。 234
其葉千色，有百種畫，如天瓔（ㄧㄥ）珞（ㄌㄨㄛˋ）。
有眾妙華，作閻浮檀金色，如旋火輪，宛轉葉間。

涌生諸果，如帝釋鉼（ㄆㄥˊ）。
有大光明，化成幢（ㄔㄨㄤˊ）旛（ㄈㄢ），無量寶蓋。
是寶蓋中，映現三千，大千世界，
一切佛事、十方佛國，亦於中現。
見此樹已，亦當次第，一一觀之。
觀見樹莖，枝葉華果，皆令分明。
是為樹想，名第四觀。

次當想水，欲想水者，極樂國土，有八池水。
241 一一池水，七寶所成。其寶柔輭(ㄖㄨㄢˇ)，從如意珠王生。
分為十四支。一一支，作七寶妙色。
244 黃金為渠，渠下皆以，雜色金剛，以為底沙。
一一水中，有六十億，七寶蓮華(ㄏㄨㄚˊ)。
245 一一蓮華，團圓正等，十二由旬。
其摩尼水，流注華間，尋樹上下，

其聲微妙，演說苦、空、無常、無我、諸波羅蜜， 246

復有讚嘆諸佛相好者。

如意珠王，涌出金色，微妙光明。 249

其光化為，百寶色鳥，和鳴哀雅，

常讚念佛、念法、念僧。

是為八功德水想，名第五觀。 251

眾寶國土，一一界上，有五百億寶樓。

其樓閣中，有無量諸天，作天伎（ㄐㄧˋ）樂。 253

又有樂器，懸處虛空，如天寶幢（ㄔㄨㄤˊ），不鼓自鳴。

此眾音中，皆說念佛、念法、念比丘僧。 254

此想成已，名為麤（ㄘㄨ）見極樂世界寶樹、寶地、寶池。

是為總觀想，名第六觀。 255

若見此者，除無量億劫，極重惡業，

命終之後，必生彼國。

作是觀者，名為正觀。若他觀者，名為邪觀。 256

佛告阿難，及韋提希：諦聽！諦聽！善思念之。

吾當為汝，分別解說，除苦惱法。

汝等憶持，廣為大眾，分別解說。 258

說是語時，無量壽佛，住立空中。

觀世音、大勢至、是二大士，侍立左右。

光明熾盛，不可具見。

百千閻浮檀金色，不得為比。 260

時韋提希，見無量壽佛已，接足作禮，白佛言：

世尊！我今因佛力故，得見無量壽佛，及二菩薩。

未來眾生，當云何觀，無量壽佛，及二菩薩？ 262

佛告韋提希：欲觀彼佛者，當起想念，

於七寶地上，作蓮華（ㄏㄨㄚˊ）想。

令其蓮華，一一葉上，作百寶色，

有八萬四千脈，猶如天畫。

263 一一脈有八萬四千光，了了分明，皆令得見。

華葉小者，縱廣二百五十由旬。

如是蓮華，具有八萬四千葉。

一一葉間，有百億摩尼珠王，以為映飾。

一一摩尼珠，放千光明。

265 其光如蓋，七寶合成，偏(ㄅㄧㄢˋ)覆地上。

釋迦毗(ㄆㄧˊ)楞(ㄌㄥˊ)伽(ㄑㄧㄝˊ)寶，以為其臺。
此蓮華臺，八萬金剛、甄(ㄓㄣ)叔迦(ㄐㄧㄚ)寶、梵(ㄈㄢˋ)摩尼寶、
妙真珠網，以為校(ㄐㄧㄠˋ)飾。 267
於其臺上，自然而有四柱寶幢(ㄔㄨㄤˊ)。
一一寶幢，如百千萬億須彌山。
幢上寶幔(ㄇㄢˋ)，如夜摩天宮。
復有五百億微妙寶珠，以為映飾。 269

一一寶珠，有八萬四千光。
一一光，作八萬四千異種金色。
一一金色，偏其寶土，處處變化，各作異相。 270
或為金剛臺，或作真珠網，或作雜華雲，
於十方面，隨意變現，施作佛事。
是為華(ㄏㄨㄚˊ)座想，名第七觀。 271
佛告阿難：如此妙華(ㄏㄨㄚˊ)，是本法藏比丘，願力所成。 272

若欲念彼佛者，當先作此華座想。

作此想時，不得雜觀。

皆應一一觀之、一一葉、一一珠、一一光、一一臺、

一一幢（ㄔㄨㄤˊ），皆令分明，如於鏡中，自見面像。 274

此想成者，滅除五萬億劫，生死之罪，

必定當生，極樂世界。

作是觀者，名為正觀。若他觀者，名為邪觀。 276

佛告阿難，及韋提希：見此事已，次當想佛。

所以者何？諸佛如來，是法界身，偏入一切，眾生心想中。

是故，汝等心想佛時，

是心即是三十二相、八十隨形好。

是心作佛，是心是佛。諸佛正偏知海，從心想生。

278

是故，應當一心繫念，

諦觀彼佛，多陀阿伽(ㄑㄧㄝˊ)度、阿羅訶(ㄏㄜ)、三藐(ㄇㄠˇ)三佛陀。

290

想彼佛者，先當想像。

閉目開目，見一寶像，如閻浮檀金色，坐彼華（ㄏㄨㄚˊ）上。

292

像既坐已，心眼得開，了了分明，

見極樂國，七寶莊嚴。

寶地、寶池、寶樹行列，諸天寶幔，彌覆其上，

眾寶羅網，滿虛空中。

見如此事，極令明了，如觀掌中。

293

見此事已，復當更作，一大蓮華（ㄏㄨㄚ），

在佛左邊，如前蓮華（ㄏㄨㄚ），等無有異。

復作一大蓮華（ㄏㄨㄚ），在佛右邊。

想一觀世音菩薩像，坐左華座，

亦作金色，如前無異。

想一大勢至菩薩像，坐右華座。

此想成時，佛菩薩像，皆放妙光。

其光金色，照諸寶樹。

一一樹下，亦有三蓮華。

諸蓮華上，各有一佛二菩薩像，徧（ㄅㄧㄢˋ）滿彼國。 297

此想成時，行者當聞，流水光明，

及諸寶樹、鳧（ㄈㄨˊ）、雁、鴛鴦，皆說妙法。

出定入定，恆聞妙法。 299

行者所聞，出定之時，憶持不捨，令與修多羅合。

若不合者，名為妄想。

若與合者，名為麤(ㄘㄨ)想見極樂世界。

是為像想，名第八觀。 302

作是觀者，除無量億劫，生死之罪。

於現身中，得念佛三昧。 304

佛告阿難，及韋提希：

此想成已，次當更觀，無量壽佛，身相光明。

阿難當知！無量壽佛，

身如百千萬億，夜摩天閻浮檀金色，

佛身高六十萬億，那由他恆河沙由旬。 305

眉間白毫，右旋宛轉，如五須彌山。

佛眼清淨，如四大海水，青白分明。

身諸毛孔，演出光明，如須彌山。 307

彼佛圓光，如百億三千大千世界。

於圓光中，有百萬億那由他恆河沙化佛。

一一化佛，亦有眾多無數化菩薩，以為侍者。308

無量壽佛，有八萬四千相。

一一相中，各有八萬四千隨形好。

一一好中，復有八萬四千光明。

一一光明，徧(ㄅㄢˋ)照十方世界，念佛眾生，攝取不捨。309

其光相好，及與化佛，不可具說。

但當憶想，令心眼見。
見此事者，即見十方，一切諸佛。
以見諸佛故，名念佛三昧。 310
作是觀者，名觀一切佛身。
以觀佛身故，亦見佛心。
佛心者，大慈悲是。以無緣慈，攝諸眾生。 312
作此觀者，捨身他世，生諸佛前，得無生法忍。

是故智者，應當繫心，諦觀無量壽佛。
觀無量壽佛者，從一相好入。
但觀眉間白毫，極令明了。
見眉間白毫相者，八萬四千相好，自然當現。
見無量壽佛者，即見十方，無量諸佛。
得見無量諸佛故，諸佛現前授記。
是為徧觀一切色身相，名第九觀。

314

作是觀者，名為正觀。若他觀者，名為邪觀。315

佛告阿難，及韋提希：見無量壽佛，了了分明已，

次亦應觀，觀世音菩薩。

此菩薩身長八十萬億那由他由旬，

身紫金色、頂有肉髻、項有圓光，面各百千由旬。317

其圓光中，有五百化佛，如釋迦牟尼。

一一化佛，有五百化菩薩、無量諸天，以為侍者。

319 舉身光中，五道眾生，一切色相，皆於中現。

頂上毗(ㄆㄧˊ)楞(ㄌㄥˊ)伽(ㄑㄧㄝˊ)摩尼寶，以為天冠。

320 其天冠中，有一立化佛，高二十五由旬。

觀世音菩薩，面如閻浮檀金色。

眉間毫相，備七寶色，流出八萬四千種光明。

一一光明，有無量無數，百千化佛。

一一化佛，無數化菩薩，以為侍者，

變現自在，滿十方世界。321

臂如紅蓮華(ㄏㄨㄚˊ)色，有八十億，微妙光明，以為瓔(ㄧㄥ)珞(ㄌㄨㄛˋ)。

其瓔(ㄧㄥ)珞(ㄌㄨㄛˋ)中，普現一切，諸莊嚴事。323

手掌作五百億，雜蓮華(ㄏㄨㄚˊ)色。

手十指端，一一指端，有八萬四千畫，猶如印文。

一一畫，有八萬四千色。

一一色，有八萬四千光。

其光柔輭ㄖㄨㄢˇ，普照一切。以此寶手，接引眾生。 324

舉足時，足下有千輻輪相，

自然化成，五百億光明臺。

下足時，有金剛摩尼華，布散一切，莫不彌滿。 326

其餘身相，眾好具足，如佛無異。

惟頂上肉髻ㄐㄧˋ，及無見頂相，不及世尊。

是為觀觀世音菩薩，真實色身相，名第十觀。 327

佛告阿難：若欲觀觀世音菩薩者，當作是觀。

作是觀者，不遇諸禍，淨除業障，

除無數劫生死之罪。

如此菩薩，但聞其名，獲無量福，何況諦觀。 328

若有欲觀觀世音菩薩者，先觀頂上肉髻(ㄐㄧˋ)，次觀天冠(ㄍㄨㄢˋ)。

其餘眾相，亦次第觀之。悉令明了，如觀掌中。

作是觀者，名為正觀。若他觀者，名為邪觀。 330

次觀大勢至菩薩。

此菩薩身量大小，亦如觀世音。

圓光面各百二十五由旬，照二百五十由旬。

舉身光明，照十方國，作紫金色。

有緣眾生，皆悉得見。

但見此菩薩，一毛孔光，

即見十方，無量諸佛，淨妙光明，

331

是故號此菩薩，名無邊光。
以智慧光，普照一切，令離三塗，得無上力。
是故號此菩薩，名大勢至。 333
此菩薩天冠，有五百寶華。
一一寶華(ㄏㄨㄚ)，有五百寶臺。
一一臺中，十方諸佛，淨妙國土，廣長之相，
皆於中現。 335

頂上肉髻(ㄐㄧˋ)，如鉢(ㄅㄛ)頭摩華(ㄏㄨㄚ)。
於肉髻(ㄐㄧˋ)上，有一寶瓶，盛諸光明，普現佛事。
餘諸身相，如觀世音，等無有異。 336
此菩薩行時，十方世界，一切震動。
當地動處，有五百億寶華。
一一寶華，莊嚴高顯，如極樂世界。 337
此菩薩坐時，七寶國土，一時動搖。

從下方金光佛剎，乃至上方光明王佛剎，
於其中間，無量塵數，分身無量壽佛、
分身觀世音、大勢至，皆悉雲集，極樂國土。
畟塞空中，坐蓮華座，演說妙法，度苦眾生。
作此觀者，名為觀見大勢至菩薩，
是為觀大勢至色身相。觀此菩薩者，名第十一觀。
除無數劫阿僧祇生死之罪。

作是觀者，不處胞胎，常遊諸佛，淨妙國土。

此觀成已，名為具足觀觀世音大勢至。340

見此事時，當起自心，生於西方極樂世界，

於蓮華(ㄏㄨㄚˊ)中，結跏(ㄐㄧㄚ)趺(ㄈㄨ)坐，

作蓮華(ㄏㄨㄚˊ)合想、作蓮華(ㄏㄨㄚˊ)開想。

蓮華(ㄏㄨㄚˊ)開時，有五百色光，來照身想。

眼目開想，見佛菩薩，滿虛空中。342

水鳥樹林，及與諸佛，所出音聲，
345 皆演妙法，與十二部經合。
若出定之時，憶持不失，
見此事已，名見無量壽佛極樂世界。
349 是為普觀想，名第十二觀。
無量壽佛，化身無數，
350 與觀世音，及大勢至，常來至此行人之所。

佛告阿難，及韋提希：若欲至心生西方者，
先當觀於，一丈六像，在池水上。
如先所說，無量壽佛，身量無邊，
非是凡夫心力所及。 351

然彼如來，宿願力故，有憶想者，必得成就。
但想佛像，得無量福，況復觀佛，具足身相。 352

阿彌陀佛，神通如意，於十方國，變現自在。

或現大身，滿虛空中，或現小身，丈六八尺。
所現之形，皆真金色。
圓光化佛，及寶蓮華(ㄏㄨㄚˊ)，如上所說。353
觀世音菩薩，及大勢至，於一切處，身同眾生。
但觀首相，知是觀世音，知是大勢至。
此二菩薩，助阿彌陀佛，普化一切。
是為雜想觀，名第十三觀。355

佛告阿難，及韋提希：凡生西方，有九品人。
上品上生者，若有眾生，願生彼國者，
發三種心，即便往生。何等為三？
一者至誠心、二者深心、三者回向發願心。
具三心者，必生彼國。
復有三種眾生，當得往生。何等為三？
一者、慈心不殺，具諸戒行。

二者、讀誦大乘方等經典。

三者、修行六念，回向發願，願生彼國。

具此功德，一日乃至七日，即得往生。

359

生彼國時，此人精進勇猛故，

阿彌陀如來，與觀世音、大勢至，無數化佛，

百千比丘，聲聞大眾、無量諸天，七寶宮殿。

觀世音菩薩，執金剛臺，與大勢至菩薩，至行者前。

阿彌陀佛，放大光明，照行者身。

與諸菩薩，授手迎接。 362

觀世音、大勢至，與無數菩薩，

讚嘆行者，勸進其心。

行者見已，歡喜踴躍。自見其身，乘金剛臺，

隨從佛後，如彈指頃，往生彼國。 364

生彼國已，見佛色身，眾相具足。

見諸菩薩，色相具足。
365 光明寶林，演說妙法。聞已，即悟無生法忍。
經須臾間，歷事諸佛，徧(ㄅㄧㄢˋ)十方界。
於諸佛前，次第授記。
還至本國，得無量百千陀羅尼門。
366 是名上品上生者。
上品中生者，不必受持，讀誦方等經典。

善解義趣，於第一義，心不驚動，
深信因果，不謗(ㄅㄤˋ)大乘。
以此功德，回向願求生極樂國。
行此行者，命欲終時，阿彌陀佛，
與觀世音，及大勢至、無量大眾、眷屬圍繞。
持紫金臺，至行者前，讚言：法子，汝行大乘，
解第一義，是故我今來迎接汝。

368

與千化佛，一時授手。370
行者自見，坐紫金臺，合掌叉手，讚嘆諸佛。
如一念頃，即生彼國，七寶池中。
此紫金臺，如大寶華，經宿則開。
行者身作，紫磨金色，足下亦有，七寶蓮華。372
佛及菩薩，俱放光明，照行者身，目即開明。
因前宿習，普聞眾聲，純說甚深，第一義諦。

即下金臺，禮佛合掌，讚嘆世尊。374
經於七日，應時即於，阿耨(ㄋㄡˋ)多羅三藐(ㄇㄧㄠˇ)三菩提，
得不退轉。
應時即能，飛行徧(ㄅㄧㄢˋ)至十方，歷事諸佛。
於諸佛所，修諸三昧，
經一小劫，得無生忍，現前受記。
是名上品中生者。376

上品下生者，亦信因果，不謗（ㄅㄤˋ）大乘。
378 但發無上道心，以此功德，回向願求生極樂國。
行者命欲終時，阿彌陀佛，及觀世音、大勢至，
與諸菩薩，持金蓮華，化作五百化佛，來迎此人。
五百化佛，一時授手，讚言：法子，汝今清淨，
379 發無上道心，我來迎汝。
見此事時，即自見身坐金蓮華。

坐已華合，隨世尊後，即得往生，七寶池中。
一日一夜，蓮華乃開，七日之中，乃得見佛。
雖見佛身，於眾相好，心不明了。
於三七日後，乃了了見。
聞眾音聲，皆演妙法。遊歷十方，供養諸佛。
於諸佛前，聞甚深法。
經三小劫，得百法明門，住歡喜地。

是名上品下生者。

是名上輩生想，名第十四觀。

382

佛告阿難，及韋提希：

中品上生者，若有眾生，受持五戒，持八戒齋。

修行諸戒、不造五逆、無眾過患。

以此善根，回向願求生於西方極樂世界。

臨命終時，阿彌陀佛，與諸比丘、眷屬圍繞，放金色光，至其人所，演說苦、空、無常、無我。

讚嘆出家，得離眾苦。 386

行者見已，心大歡喜。

自見己身，坐蓮華臺，長跪合掌，為佛作禮。

未舉頭頃，即得往生，極樂世界，蓮華尋開。 388

當華敷時，聞眾音聲，讚嘆四諦。

應時即得，阿羅漢道、三明六通，具八解脫。

是名中品上生者。389

中品中生者，若有眾生，若一日一夜，持八戒齋。

若一日一夜，持沙彌戒。

若一日一夜持具足戒，威儀無缺。

以此功德，回向願求生極樂國。

戒香熏修，如此行者，命欲終時，見阿彌陀佛，

與諸眷屬，放金色光，持七寶蓮華，至行者前。396

行者自聞空中有聲，讚言：

善男子！如汝善人，隨順三世諸佛教故，我來迎汝。

行者自見坐蓮華上，蓮華即合，生於西方極樂世界。

在寶池中，經於七日，蓮華乃敷ㄈㄨ。

398

華既敷已，開目合掌，讚嘆世尊。

聞法歡喜，得須陀洹ㄏㄨㄢˊ。

經半劫已，成阿羅漢。是名中品中生者。

399

中品下生者，

若有善男子、善女人，孝養父母、行世仁慈，

此人命欲終時，遇善知識，

為其廣說，阿彌陀佛，國土樂事，

亦說法藏比丘，四十八願。

聞此事已，尋即命終。

譬如壯士，屈伸臂頃，即生西方，極樂世界。

經七日已，遇觀世音，及大勢至，

聞法歡喜，得須陀洹。

過一小劫成阿羅漢。是名中品下生者。

是名中輩生想，名第十五觀。

佛告阿難，及韋提希：下品上生者，或有眾生，

作眾惡業，雖不誹謗，方等經典，

如此愚人，多造惡法，無有慚愧。

命欲終時，遇善知識，為說大乘十二部經，首題名字。
以聞如是，諸經名故，除却千劫，極重惡業。
智者復教，合掌叉手，稱南無阿彌陀佛。
稱佛名故，除五十億劫，生死之罪。
爾時，彼佛，即遣化佛、化觀世音、化大勢至，
至行者前，讚言：善男子，以汝稱佛名故，
諸罪消滅，我來迎汝。

403

作是語已，行者即見，化佛光明，徧(ㄅㄧㄢˋ)滿其室。
見已歡喜，即便命終。
乘寶蓮華，隨化佛後，生寶池中。
經七七日，蓮華(ㄏㄨㄚ)乃敷(ㄈㄨ)。
當華敷(ㄈㄨ)時，大悲觀世音菩薩，及大勢至菩薩，
放大光明，住其人前，為說甚深，十二部經。
聞已信解，發無上道心。

經十小劫，具百法明門，得入初地，是名下品上生者。 408

佛告阿難，及韋提希：下品中生者，或有眾生，

毀犯五戒、八戒及具足戒。

如此愚人，偷僧祇(ㄑㄧˊ)物，盜現前僧物，不淨說法，

無有慚愧，以諸惡業，而自莊嚴。

如此罪人，以惡業故，應墮(ㄉㄨㄛˋ)地獄。

命欲終時，地獄眾火，一時俱至。 410

遇善知識，以大慈悲，即為讚說，阿彌陀佛十力威德，
廣讚彼佛，光明神力。
亦讚戒、定、慧、解脫、解脫知見。 412
此人聞已，除八十億劫，生死之罪。
地獄猛火，化為清涼風，吹諸天華。
華(ㄏㄨㄚ)上皆有，化佛菩薩，迎接此人。
如一念頃，即得往生，七寶池中，蓮華之內。 421

經於六劫，蓮華乃敷(ㄈㄨ)。
觀世音、大勢至，以梵(ㄈㄢˋ)音聲，
安慰彼人，為說大乘，甚深經典。
聞此法已，應時即發，無上道心。
是名下品中生者。
佛告阿難，及韋提希：下品下生者，或有眾生，
作不善業、五逆十惡、具諸不善。

如此愚人，以惡業故，應墮惡道，
經歷多劫，受苦無窮。 424
如此愚人，臨命終時，遇善知識，
種種安慰，為說妙法，教令念佛。
彼人苦逼，不遑(ㄏㄨㄤˊ)念佛。
善友告言：汝若不能念彼佛者，應稱無量壽佛。 426
如是至心，念聲不絕，具足十念，稱南無阿彌陀佛。

428 稱佛名故，於念念中，除八十億劫，生死之罪。

命終之時，見金蓮華，猶如日輪，住其人前。

如一念頃，即得往生，極樂世界。

429 於蓮華中，滿十二大劫，蓮華方開。

當花敷時，觀世音、大勢至，以大悲音聲，

為其廣說，諸法實相，除滅罪法。

聞已歡喜，應時即發菩提心。

是名下品下生者。

是名下輩生想，名第十六觀。430

說是語時，韋提希，與五百侍女，聞佛所說，

應時即見，極樂世界，廣長之相，得見佛身，及二菩薩。

心生歡喜，嘆未曾有。豁(ㄏㄨㄛˋ)然大悟，逮(ㄉㄞˋ)無生忍。432

五百侍女，發阿耨(ㄋㄡˋ)多羅三藐(ㄇㄧㄠˇ)三菩提心，願生彼國。

世尊悉記，皆當往生。

生彼國已，獲得諸佛，現前三昧。

無量諸天，發無上道心。

三、流通分

爾時，阿難，即從座起，白佛言：

世尊！當何名此經？此法之要，當云何受持？

佛告阿難：此經名觀極樂國土、無量壽佛、

觀世音菩薩、大勢至菩薩。
亦名淨除業障，生諸佛前。汝當受持，無令忘失。 437
行此三昧者，現身得見，無量壽佛，及二大士。
若善男子，及善女人，但聞佛名、二菩薩名，
除無量劫，生死之罪，何況憶念？
若念佛者，當知此人，即是人中，分陀利華。
觀世音菩薩、大勢至菩薩，為其勝友。

當坐道場，生諸佛家。 439

佛告阿難：汝好持是語。

持是語者，即是持無量壽佛名。

佛說此語時，尊者目犍(ㄐㄧㄢ)連、尊者阿難，

及韋提希等，聞佛所說，皆大歡喜。 441

爾時，世尊，足步虛空，還耆(ㄑㄧˊ)闍(ㄕㄜˊ)崛(ㄐㄩㄝˊ)山。

爾時，阿難，廣為大眾，說如上事。

無量諸天、龍神、夜叉，
聞佛所說，皆大歡喜，禮佛而退。

442

塵空法師鑒定

隨身版

觀無量壽佛經白話解釋

黃智海註解

佛說觀無量壽佛經

解

佛一個字，是簡單的說法，完整說起來，是佛陀兩個字。這裏佛說的佛字，就是釋迦牟尼佛，而**無量壽佛**就是阿彌陀佛。

佛、釋迦牟尼、阿彌陀都是梵語。（梵語，是印度國的話）翻譯成中文，佛，是一個覺字，就是覺悟的意思。釋迦，是能仁兩字，就是能夠大慈大悲，救度一切眾生的意思。牟尼，是寂默兩個字。寂，是寂靜不動的意思。默，是和本性相合的意思。

阿彌陀，是無量兩字。

無，是沒有的意思。

量，是限量的意思。

因為這一尊佛身上的光明和他的壽命，都是沒有限量的，所以稱無量壽佛。

釋 凡是佛經，都是釋迦牟尼佛親口說的。所以各種經名上面，都加上佛說兩個字的。釋迦牟尼佛，是中印度迦毗羅國淨飯王的太子。十九歲出家，三十歲成佛後，到各處去講演佛法，勸度眾生，有四十九年之久。這一部觀無量壽佛經，是釋迦牟尼佛所說的各種佛經裏的一種。

阿彌陀佛，本來是一位國王。在阿彌陀佛做國王的時候，有一尊佛出世，名號是**世自在王佛**，到各處去講說佛法。阿彌陀佛聽了，覺得學佛法有種種的利益。在世界上做人，雖然做到國王，還是免不了種種的苦惱，（種種的苦惱，到後面會詳細講明白的。）所以就拋棄了王位，跟了世自在王佛出家修行。法名叫**法藏比丘**。（法藏的藏字，是收藏積聚的意思，就是諸佛從無量劫以來，所藏積的一切功德。劫字，是記年代的一個極大的數目單位，到下面會解釋清楚的。）

他在世自在王佛面前，發過四十八個大願，（在「無量壽經」裏，說得很清楚的。）有幾個大願是說：如果我成了佛，要現出一個很清淨、很莊嚴、沒有種種苦、只有種種樂的世界來。若有十方眾生，念我的名號，那怕只念十口氣，都能生到我的國土裏來。若念我名號的眾生，不能夠滿足我的這個願心，我就不願成佛。現在各種佛經裏，所說的西方極樂世界，（阿彌陀經上，有兩句經說得很明白的，一句是「從是西方過十萬億佛土」，所以叫西方。一句是「有世界名曰極樂」，所以名叫極樂世界。）就是阿彌陀佛經過了許多劫的長時期，修福修慧，（慧，是明白真實道理的智慧。）修成的。現在阿彌陀佛已經成佛了，所以阿彌陀佛的大願，當然沒有不應驗的了。

（這一部經，是專門說阿彌陀佛西方極樂世界的種種景象，所以講到阿彌陀佛的事情，就說得格外詳細。）

這個**觀**字，不是用肉眼來看的意思，是用心裏的光來看的。要把心定住了，眼閉緊了，一面想、一面看。所以這個觀字，要做觀照的意思來解釋的。（在心經白話解釋，「觀自在菩薩」一句底下，解釋一個觀字是很詳細的，可以請一本來看看。）

經字，本來可以解釋做法則，也可以解釋做終究不變的意思。因為尊重佛金口所說的佛法，所以稱做經。這一部經，是專門說觀照西方極樂世界種種勝境的法門的。（勝境的勝字，是特別的好，不是尋常的好。境字，就是境界，是西方極樂世界的境界。）

但是無量壽佛，是西方極樂世界的教主，要觀照西方極樂世界的勝境，怎麼可以不觀照西方極樂世界的教主呢？觀照到了西方極樂世界的教主，那西方極樂世界的勝境，也一定可以觀照到的。

所以這部經，就叫「觀無量壽佛經。」

劉宋西域三藏法師畺良耶舍譯

解

宋有二個。這個宋，是姓劉的做皇帝的，所以叫**劉宋**。還有一個，是姓趙的做皇帝的，就叫趙宋。

西域，是現在的印度國。域，就是地土。西域，就是西方的地土。因為印度國在中國的西邊，所以印度國稱做西域。

三藏，是經藏、律藏、論藏。（下面「釋」裏，就會解釋清楚。）

法師，是精通佛法的比丘，（比丘，是受二百五十條戒的男出家人，俗人稱他們和尚。）能夠用佛法來勸化人的人。

在劉宋的時候，有一位印度國的大法師，名字叫**畺良耶舍**，把這部梵文的觀無量壽佛經，翻譯成中文的。

譯字，就是翻譯的意思。（把梵文改成中文，叫翻譯。）

釋

中國在晉朝的末年，世界很亂，把中國分了好幾國。大家所說的南北朝，就是那個時候。

劉宋，是一個國的名號。因為他們的皇帝，姓劉，名裕，所以叫劉宋。他在晉朝末年，中國大亂的時候，他佔住了一個地方，自己做了皇帝，並沒有統一全中國，所以只能稱國，不能夠稱朝代。

還有一個宋，是朝代的名號，因為在五代末期，也是中國大亂的時候，一個姓趙名匡胤的，把五代都打平了，中國也統一了，他自己做了皇帝，就稱做宋朝了。又因為皇帝姓趙，和劉宋是有分別，所以就稱**趙宋**。

三藏的三字，是說經、律、論三種。藏字，是包括在裏面的意思。因為經、律、論三種，都包藏了許多佛法的道理在裏面，所以稱三藏。

經藏，是所有釋迦牟尼佛，或是別尊佛說的各種經，都包括在經藏裏的。

律藏，是所有佛法裏，應該守的種種戒法，都包括在律藏裏的。（戒字，是禁戒的意思，不但是惡的事情要禁止，一點也不做，即使是惡的念頭，也要禁止，一點也不轉。）

論藏，是歷代的高明大法師，稱讚、講論種種佛法的道理，都包括在論藏裏。因為這位大法師，精通這三藏的道理，所以稱他**三藏法師**。

畺良耶舍，是法師的名字。釋迦牟尼，是印度迦毗羅衛國的太子，所以釋迦牟尼佛所說的經，都是印度文。（就是梵文，也可以稱梵語。）但是要用佛經來教化我們中國人，一定要把梵文的佛經，翻譯成中文，才能夠使我們都可以懂，都可以學。不過翻譯的人，一定要精通佛法種種道理的大法師，才能夠翻譯出來，而且沒有錯誤。所以劉宋的太祖文皇帝，就請他最恭敬佩服的這位畺良耶舍大法師，翻譯這部觀無量壽佛經。

一、序分

凡是佛經，都是把全部經文，分做三分。（三分的分字，讀做份字音，就是一份一份的意思。）

第一是**序分**。第二是**正宗分**。第三是**流通分**。

序分的「序」字，是次序和起教因緣的意思。序分又有通序、別序兩種的分別。

通序，像各部經的開頭，都是如是我聞，一時佛在什麼地方？和哪些大眾在一處？因為各種經都有這樣幾句的，所以叫通序。

別序，是佛所說的各種經，都有各種不同的原因的。像楞嚴經，是因為阿難碰到摩登伽的引誘才說的，所以叫別序。

但是雖然有通序、別序的分別，總名還是都叫序分。

從「如是我聞」一句起，一直到「教我觀於清淨業處」都是序分。

如是我聞：一時佛在王舍城，耆闍崛山中，

解

如是，是這個樣子的意思。

我字，是編集這部觀無量壽佛經的阿難，稱他自己。（編字，是整理的意思。集字，是聚集的意思。佛說各種經的時候，阿難都在旁邊一面聽，一面記的。整理，就是整理他所記佛說的話。聚集，就是把他所記佛說的話，聚集起來，成了一部佛經。）

聞字，是聽到的意思，就是親自聽到佛說的。

一時，是有一個時候的意思。

佛，就是釋迦牟尼佛。（下面說到釋迦牟尼佛時，就單稱一個佛字。）

王舍城，在印度的摩伽陀國。王舍城的四周圍，有五座大山圍住的。五座大山，第一座山，就是耆闍崛山。

耆闍崛是梵語，翻譯成中文，叫靈鷲山。因為山頂的形狀，像鷲鳥的頭，所

以也叫鷲頭山。

釋 凡是佛所說的經，都是佛的堂弟，也是佛的弟子，名叫阿難的人編集起來的。這如是我聞四個字，是阿難在編經之前，先問佛將來編起經來，開頭用什麼字？佛說開頭要加**如是我聞**四個字，可以明白顯示是你阿難親自聽到我說的，所以要加這四個字。意思是要使得後來的人，知道的確是編這部經的阿難自己親自聽到的，不是旁人聽了告訴阿難的。並且的確是聽到佛自己金口說的，不是聽到旁人說的。這樣對後來誦經、聽經的人，就自然會生出信心來了。

所以不論什麼經，凡是釋迦牟尼佛所說的經，開頭都有如是我聞四個字的。這四個字，把他倒轉來解釋，更加容易明白，就是說，我阿難親自聽到佛這樣說的。**是**字，是這樣的意思。就是指下面經文裏，從「爾時王舍大城」起，一直到末後「名第十六觀」一句，都是佛說的。都包括在**如是**兩個字裏，都是阿難親自聽到的。

佛說法的時候，因為各國的時間，和各國記時間的方法，都不相同的，所以只能夠說有這麼一個時候，不能夠指定某年、某月、某日了。佛說法的地方，是在中印度摩伽陀國的王舍城。（印度地方很大，所以分做五印度，就是東印度、南印度、西印度、北印度、中印度。王舍城，是摩伽陀國一座城的名稱。）在王舍城的東北一座最高、最大的耆闍崛山。

與大比丘眾，千二百五十人俱，菩薩三萬二千，文殊師利法王子而為上首。

解

與字，是和的意思，就是佛和比丘眾。

比丘，是梵語。翻譯成中文，是乞士兩個字。乞，就是向人要、向人討的意思。還有上向佛乞佛法，下向世俗人乞食品的意思在裏面，所以叫乞士。出家人要受了二百五十條具足戒，（具足戒、是完全的戒法。）才可以稱比丘。

眾字，是許多的意思。因為集合在一處的比丘，有一千二百五十人之多，所以稱眾。比丘上加一個**大**字是年歲大、道德高的比丘。

俱字，是聚在一處的意思。

菩薩是梵語，完整說起來，是菩提薩埵。**菩提**兩個字，是覺悟不迷的意思。又有使旁人覺悟的意思。**薩埵**，是眾生的意思，就是能夠用佛法來勸化眾生，使眾生都能夠明白真實的道理。

文殊師利是梵語，翻譯成中文，**文殊**是妙的意思，（妙，就是好，還有些稀奇的意思在裏面。）**師利**是德和吉祥兩種的意思。文殊菩薩和普賢菩薩，常常侍立在釋迦牟尼佛左右兩邊的。這一尊菩薩的智慧最高，手持利劍，（持字，是拿的意思。利字，是鋒利的意思。）表示他有驅邪的智慧。身乘獅子•（乘字，是騎的意思。）表示他有降魔的威猛。（猛字，是厲害的意思。）

法王子三個字，是因為佛稱為法王，菩薩是佛教化而成的，又是幫助佛來教化眾生的，差不多像佛的兒子一樣，所以菩薩都可以稱做法王子。但是佛經裏，稱菩薩做法王子的，只有文殊師利菩薩。別尊菩薩，都不稱法王子，是什麼緣故呢？這是因為文殊師利菩薩，在一切菩薩裏，智慧和德行最高，又是侍立在佛左邊的第一位上。這是在佛的面前位子最高的一尊菩薩，所以稱他法王子。

上首，是從眾菩薩裏，推出來的一位領袖。

佛和年歲大、道德高的許多大比丘一千二百五十人，都在一起，還有菩薩三萬二千人。

釋

凡是佛在法會裏說法的時候，從菩薩起，一直到**天龍八部**，（

一、**天衆**，是各層天上的人。

二、**龍衆**，龍是水族裏各種畜生的王。

三、**夜叉**，能夠在虛空裏飛行的鬼神。

四、**乾闥婆**，是帝釋部下，作世俗上音樂的神。

五、**阿修羅**，是六道衆生裏的一種。也是各種鬼神裏的一種，他們在世界上的時候，也曉得修福的，但是他們的妒忌和發火的心，都很厲害，所以落在阿修羅道裏了。他們還能夠和帝釋戰鬥哩！

六、**迦樓羅**，就是金翅鳥，兩翅膀張開來，相離有三百三十六萬里路的長哩！他們專門喜歡吃龍的。

七、**緊那羅**，他們的形相，雖然像人，但是頭上有角的，也是帝釋的樂神。這種樂神，是作法樂的，因為他們作樂的聲音裏，都有佛法的意義在裏面，所以叫法樂。

八、**摩睺羅迦**，就是大蟒神，也叫地龍。

這八部的眾生，人的眼都無法看到，所以又叫**冥衆八部**。冥字，是鬼的世界。）凡是來聽法的眾生，多得不可以用數目來計算。

每一類聽法的人，各有一位做上首的。這一次佛說觀無量壽佛經的法會，來聽法的菩薩，格外的多。一定要推一位智慧最高，威神力最大的菩薩做領袖，才算合法。文殊師利菩薩，最合這個資格。所以菩薩大眾，就推文殊師利菩薩，做了三萬二千菩薩的上首。

爾時，王舍大城，有一太子，名阿闍世。隨順調達，惡友之教，收執父王，頻婆娑羅，

解

爾時，在那個時候。
隨字，是跟隨的意思。
順字，是依順的意思。
執字，是拿住的意思。

釋

佛和許多大比丘、許多菩薩，在耆闍崛山裏的時候，在王舍大城裏，有一位太子，名字叫**阿闍世**。（**阿闍世**是梵語，翻譯成中文，是未生怨三個字。因為他還沒生下的時候，有一個看相的人，說他出世後，會害死他父親。所以題他的名字，叫未生怨，就是說他沒有生下之前，已經和他的父親，結了怨的意思。）

他有一個壞心的朋友，名字叫調達，也叫提婆達多。（他的弟弟，就是阿難。他也是佛的堂弟。）阿闍世依了惡友調達教他的惡主意，把他的父王頻婆娑羅捉住收押起來。（頻婆娑羅，是摩竭陀國的王，又是阿闍世的父，所以稱父王。）

幽閉置於，七重室內，制諸群臣，一不得往。

解

幽字，是暗的意思。
閉字，是關的意思。
置字，是放在那裏的意思。
重字，讀做從字音，是一重一重、一層一層的意思。
制字，是制住、禁止的意思。
群字，是許多的意思。
群臣，是不論官職大的，官職小的，都在裏面了。

釋

阿闍世把他的父王頻婆娑羅王，關在很黑暗的七重深的房屋裏。禁止許多大大小小的臣子，一個都不許到關禁頻婆娑羅王的房屋裏去。

國太夫人，名韋提希，恭敬大王。澡浴清淨，以酥蜜和麨，用塗其身。諸瓔珞中盛，蒲萄漿，密以上王。

解

國太夫人，是頻婆娑羅王的王后，名字叫韋提希。

澡字，是洗的意思。

酥，是用牛或是羊的乳，（乳，就是奶。）做成的乳酪。

和字，是用兩種東西，攙在一起的意思。

麨字，讀做炒字音，是把蒸熟的麥，磨成粉屑。

瓔珞，是用珠和玉，穿成練條的裝飾品，掛在頸項上的。

盛字，是裝在裏面的意思。

蒲萄，就是葡萄。

漿，和汁一樣的。

密字，是秘密的意思。

上字，是獻上去的意思。

韋提希，是國王的王后，所以稱國太夫人，也就是阿闍世的母親。這位夫人很賢能，對頻婆娑羅國王很恭敬。

釋

因為要把吃的東西，塗在身上，所以先洗浴她的身體。使得身體清淨，才可以把吃的東西塗上去。她又把酥和蜜，調和在麨裏面，做成一種很好的食品。但是這個太子阿闍世的心，是極狠毒的，他把他的父王收禁起來，又不許手下的臣子去看國王，他一定要餓死他的父王，哪裏肯讓國太夫人拿食物去給他的父王呢？

國太夫人沒有辦法，只好把做成的食品塗在身上，才可以帶到關禁國王的地方去。又在她頸項上所掛的許多瓔珞的寶珠裏，裝了葡萄的汁，偷偷地獻上去給國王吃。

爾時，大王，食麨飲漿，求水漱口。
漱口畢已，合掌恭敬，
向耆闍崛山，遙禮世尊，而作是言：

解

吃乾的東西叫**食**。
吃濕的東西叫**飲**。
漱字，俗話叫盪口，就是用水來洗口。
合掌，是把十個手指伸直了，左右兩手合起來。
遙字，就是遠。
禮字，就是禮拜。
世尊，是在世界上大家尊重的意思，是佛十種德號裏的一種，（十種德號，在暮時課誦白話解釋裏，有詳細註解。）就是指釋迦牟尼佛。

作字，是說的意思。

是言，是指下面的四句話。

釋

韋提希拿乳蜜和麥粉，和葡萄的漿汁，送給國王。國王吃完了，要清水來漱口。

漱口完畢後，國王就把左右兩手掌合起，很恭敬的向耆闍崛山，遠遠的禮拜釋迦牟尼佛。口裏還說下面的四句話。

大目犍連，是吾親友，願興慈悲，授我八戒。

解

大目犍連，就是目連。

興字，就是發的意思。

教旁人學習一種法門，叫**授**。

八戒，第一、不殺生。第二、不與取。第三、非梵行。第四、虛誑語。第五、飲諸酒、第六、塗飾香鬘，歌舞觀聽。第七、眠坐高廣嚴麗床座。第八、食非時食。（第八種戒，在下面「釋」裏，就會解釋清楚的。）

釋

目犍連神通最大，在釋迦牟尼佛許多弟子裏，推他神通第一。並且他出家的年數，也很久了，所以稱他**大目犍連**。目犍連和國王，照俗家講，是親戚，可以稱親。但是目犍連已經是證了大阿羅漢的人，（大阿羅漢，可以查看阿彌陀經白話解釋，「皆是大阿羅漢」一句底下，有詳細解釋。）國王還是俗家人。照佛法講，是師父和弟子。但只能夠稱友，所以國王說大目犍連是我親友。

國王很願意大目犍連大發慈悲心，（用快樂給他人叫慈。去旁人的苦叫悲。）教我八種戒法。這八種戒：

第一、**戒殺生**，就是五戒裏的第一戒殺。

第二、**戒不與取**，（與字，是給的意思。）是沒給他的東西，他就拿了，就是犯五戒裏的第二戒盜。（盜，不一定是搶，就是偷，也叫做盜。沒給他，就自己拿了，那就和偷差不多，所以也可以算是盜的。）

第三、**戒非梵行**，（非，就是不是。梵字，本來是清淨的意思。梵行，是清淨的行動。非梵行，就是不照佛法裏清淨的行動，是很嚴的戒，只要有一點不清淨，就要算是淫，犯淫戒了。）就是五戒裏的第三戒淫。（五戒裏的淫，有正淫、邪淫的分別。正淫，是指自己夫婦的淫。邪淫，是指夫婦以外的淫。這八戒裏的淫，不論是夫婦、不是夫婦，都是淫，沒有正淫、邪淫的分別。）

第四、**戒虛誑語**。虛字，是不實在的意思。誑字，是說假話騙人的意思，就是五戒裏的第四戒妄語。（妄字，就是虛假的意思。）

第五、**戒飲諸酒**。諸酒，是什麼酒都不可以喝，喝了就算犯戒，這就是五戒裏的第五戒酒。

第六、**塗飾香鬘，歌舞觀聽**。塗字，是把香的東西，塗在臉上，或是身上。不論塗的是水、是粉，或是穿著用香來薰過的衣服，都是犯戒的。飾，是種種的裝飾。鬘，是一種裝飾品，用很貴重的花編結而成像帽子的東西，裝飾在頭髮上的。歌，是唱歌。舞，是跳舞。或是看舞、或是聽歌，都是犯第六戒的。（從這個六戒，連同下面的第七、第八兩戒，都是五戒裏沒有的，加了這三戒，所以成了八戒。）

第七、**戒眠坐高廣嚴麗床座**。眠，就是睡。廣，就是大。嚴，是莊嚴，裝飾得很好看，但沒有一點輕佻的樣子。麗，是美麗，就是好看的意思。座，是坐的大椅。凡是睡了這種高廣嚴麗的床，或是坐了這種高廣嚴麗的大椅，就是犯了這第七戒了。

第八、**戒食非時食**。佛法裏有過了午時不吃東西的一種戒，叫**過午不食**。非時食，是不應該吃的時候吃，就是過午食。過午食，是犯第八戒。

時目犍連，如鷹隼飛，疾至王所。日日如是，授王八戒。

解

時，就是在那個時候。

鷹，是一種最凶猛，最會飛的鳥。兩張翅膀張開來，有二尺五寸長，嘴是完全曲的，背上的羽毛，是灰黑色的，肚下是白的。

隼，是鷹類裏最小的一種鳥。

疾字，是又急又快的意思。

所字，是地方的意思。

釋

在國王向耆闍崛山，求佛派目犍連授他八戒的時候，目犍連聽到了，趕緊像鷹和隼那樣快的飛，立刻趕到國王所住的地方去。鷹隼飛起來的快速，是各種鳥都趕不上的，所以用鷹隼的飛速，來比喻目犍連的快。目犍連是有神足通的。（有一句話，叫五通仙人，六通羅漢。六通，是天眼通、天耳通、他心通、宿命通、神足通、漏盡通。要明白六通，在阿彌陀佛經白話解釋，「供養他方十萬億佛」一句底下，有詳細解釋的。）

神足通，只消一動念頭，十方無窮無盡的世界，可以一下子就到。並且一點也不吃力、不煩難，高山大海，也不能夠阻隔他的。目犍連就是得到這種圓滿的神足通。

所以佛常說：我的許多弟子裏，得到神足通，能夠飛到十方國土的，要算目犍連是第一個了，沒有人能夠勝過他。

目犍連天天從耆闍崛山，飛到阿闍世國王關禁的地方，把八種戒法，教授給國王。每天教完了就飛回耆闍崛山。到了明天再飛去教他。

世尊亦遣尊者富樓那，為王說法。如是時間，經三七日。

解

亦字，是也字的意思。

遣字，是差他去的意思。

尊者，是年歲大、道德高、大家尊重他的稱呼。

富樓那，是佛的弟子，出家沒有多久，就證了阿羅漢果。（他的名字，完整說起來，是富樓那彌多羅尼子。富樓那三個字，翻譯成中文，是滿字。彌多羅尼，翻譯成中文，是慈字。是他母親的姓。）

為字，意思是為王說法，就是說給王聽的意思。

釋

目犍連因為和國王有親友的關係，所以一聽到國王請他教授八戒的法，就像鷹隼那樣快的飛去了。這是目犍連自己去的，不是佛差他去的。

佛專門用佛法來教化人，聽到有人要修學戒法，一定要派弟子去教他。並且一定要差一位說法說得最好的弟子去教的。所以在十大弟子裏，派說法第一的富樓那去，教王八種戒法。

在法華經五百弟子授記品裏說，富樓那過了無量阿僧祇劫，（劫字，在下面「劫初以來」一句底下，有詳細解釋。）就要在我們這娑婆世界成佛，（娑婆世界、在下面「不樂閻浮提」一句底下，有詳細解釋。）佛號法明如來。可見佛差他去，是很看重的。

富樓那教授八戒，經過的時間，是三個七日共二十一日。

王食麨蜜，得聞法故，顏色和悅。時阿闍世，問守門者：父王今者，猶存在邪？

解

故字，是原因的意思。

悅字，是快樂的意思。

猶字，是尚還的意思。

存在，是沒有死的意思。

邪字，意思同耶字一樣，有疑惑的意思。

釋

王吃了麨蜜做的食品，又聽了富樓那的說戒法。肚裏有食品吃下去，可以不餓了。耳裏又有法味聽進去，（法味，是佛法的味。）臉上就顯出和順快樂的顏色來了。

那時候，阿闍世忽然走到關禁國王的地方，問守門的人說：父王現在還活著嗎？

時守門人白言：大王，國太夫人，身塗麨蜜，瓔珞盛漿，持用上王。

解

白字，是說的意思。（白字，是下面的人，向上面的人說話，才用的。）

持字，是拿的意思。

釋

守門的人，聽到了阿闍世問他的話，先稱了阿闍世一聲大王，就接下去說道：國太夫人身上塗了麨蜜，瓔珞裏裝了葡萄漿，拿來獻上去請王吃的。

沙門目連，及富樓那，從空而來，為王說法，不可禁制。

解

沙門，就是出家人。

及字，是和的意思。

制字，是管住、壓住的意思。

釋

沙門是梵語，翻譯成中文，是息字。有停止和安靜兩種的意思，就是停止惡念，安靜煩惱。目犍連和富樓那，都是出家人，所以稱他們為沙門。他們兩位，已經證到大阿羅漢果，都有神足通，都是從空中來。來了就為王講說佛法。

國太夫人是我們的主人，怎麼能夠禁止她，不許她來見國王呢？目犍連和富樓那，又都是從空中飛來的，我們沒法禁止他們、制住他們。

時阿闍世，聞此語已，怒其母曰：我母是賊，與賊為伴。沙門惡人，幻惑咒術，令此惡王，多日不死。

解

此語，是這種話的意思。就是上面守門人所說的八句話。**已**字，是完畢的意思。

怒，是發火。

伴，是同伴。

幻字，是像變戲法那樣的法術。

惑，是迷惑人心的意思。念了咒，就會生出種種變化的法術來的，所以叫**咒術**。

令字，是讓他、使他的意思。

釋 阿闍世聽完了守門人所說的，從「大王」起一直到「不可禁制」的八句話，就大發火來，罵他的母親國太夫人道：（下面的六句，就是阿闍世罵國太夫人的話。）

我的母親是賊，（賊字，是罵人的話，並不一定是說偷東西的人。）和賊做伴侶。（伴侶，就是同伴的意思。）

還有出家的惡人，用變戲法的方法，迷惑人的咒術，使這惡王，關禁許多日，還是沒有死。

阿闍世把國王關禁在七重深的房屋裏，一個人都不許進去，本來要斷絕國王的食品，使國王餓死，他就可以奪到王位，自己做國王。現在聽到守門人說，國太夫人拿食品供給國王，使國王沒有餓死，他就奪不到王位了。就發起火來，竟然開口罵他親生的母親是賊。

即執利劍，欲害其母。時有一臣，名曰月光，聰明多智，及與耆婆，為王作禮，白言：

解

執字，是捏的意思。

利字，是鋒利的意思。

耆婆，也是國王的兒子，是阿闍世的弟弟。他的母親，名叫奈女。耆婆是在王舍城做醫生的。

作禮，就是行禮。

這裏所說的**王**，就是阿闍世。

釋

阿闍世聽到守門人說，他的母親送食品來救國王，他就拿了很鋒利的劍，要想害死他的母親。

在那時候，有一個臣子，名字叫月光的人，這個人很聰明，（是世俗上所說的聰明。）又很有智慧的人。（是出世法所說的智慧。）他和阿闍世的弟弟，名叫耆婆，向阿闍世行禮，說了許多勸阿闍世的話。

就是下面從「大王」起，一直到「我等不宜復住於此」的十句話。

大王！臣聞毗陀論經說：
劫初以來，有諸惡王，貪國位故，
殺害其父，一萬八千，未曾聞有，無道害母。

解

臣字，是月光自己稱自己。

毗陀是婆羅門一種經書的名稱。（婆羅門是梵語，翻譯成中文，是淨行兩個字。婆羅門人是印度四大族裏的一族，這一族的人都是又清高、又華貴，他們專門修清淨的，所以稱他們淨行。）

毗陀，是梵語，翻譯成中文，是明智兩個字。明，是明白事理。智，是發生智慧。毗陀論經是一部講修淨行的書。

劫初，是這個世界剛剛成立的時候。

未曾，是沒有過的意思。

釋

月光先叫阿闍世一聲大王，就接下去說道：我聽到過毗陀論經上說，從這世界起初成立到現在，有許多惡性的國王，因為貪圖奪到王位，殺害他們的父王，竟然有一萬八千人之多。但是，從來沒有聽到過不講道理的國王，竟然會殺害母親的。

王今為此，殺逆之事，汚刹利種，臣不忍聞，是旃陀羅，我等不宜，復住於此。

解

為字，是做的意思。

逆字，有叛逆、忤逆兩種意思。

汚字，是被不潔淨的東西染齷齪的意思。

刹利，是梵語，翻譯成中文，是王種，也可以說是田主。是印度四大姓裏的第二姓。（大姓，就是貴族的姓。）

不忍，是心腸硬不起來的意思。

旃陀羅，是梵語，翻譯成中文，是嚴幟兩個字。（幟是小旗。旃陀羅是賤種，四大姓的人，都不肯和他們往來的。他們出門到街上去，一定要拿一面小旗在手裏，或是插在衣領上，做為他們是賤種的記號。在路上碰到了大姓的人來，就要讓到路邊去，因為用小旗做他們特別的記號，所以叫嚴幟。）

復字，就是再字的意思。

釋 王現在做了殺害母親的忤逆事情，是把清白高貴的剎利王種，都染污了。大家都要罵王是旃陀羅，不是剎利王種了。我們沒有那樣的狠辣心腸，來聽旁人的罵。王如果不聽我們的勸諫，（下級的人，勸請上級，都叫做諫。）我們只好離開本國，不宜再住這裏了。

時二大臣，說此語竟，以手按劍，卻行而退。

解

竟字，是完了的意思。
按字，是把手壓在上面的意思。
卻字，是倒退的意思。

釋

二大臣，就是月光和耆婆兩人。他們向阿闍世說的話說完了，就用手壓在阿闍世所拿的劍上，倒步下來，就退去了。

時阿闍世，驚怖惶懼，告耆婆言：汝不為我邪？

解

驚怖，是嚇的意思。

惶懼，是怕的意思。

為我，就是幫助我的意思。

邪字，和耶字一樣的發音，和耶一樣的意思。

釋

阿闍世看見月光和耆婆那樣的舉動，就露出驚嚇、懼怕的表情。告訴耆婆說：你怎麼不幫助我呢？因為耆婆是阿闍世的弟弟，阿闍世這一句話，是要求耆婆幫助他的意思。

耆婆白言：大王，慎莫害母。
王聞此語，懺悔求救，即便捨劍，止不害母。
敕語內官，閉置深宮，不令復出。

解

慎字，是謹慎、小心的意思。

莫字，有不可和不要兩種意思。

捨字，是放掉的意思。

敕語的**語**字，是說的意思。

國王對臣子發佈的命令，叫**敕**。（凡是上對下吩咐的話，都可以稱敕的。）

內官，是王宮裏侍候國王、國太的官。

閉字，是關禁的意思。

置字，是安放的意思。

宮字，凡是國王、國太所住的房屋，都稱宮的。

深宮，是在極裏面的宮，不是靠近外面的宮。

復字，和前面不宜復住的復一樣的意思。

釋

耆婆聽到了阿闍世的話，就知道阿闍世要求他幫助，所以就向阿闍世說道：大王須要謹慎，不可以殺害母親。

阿闍世聽到耆婆這一句話，就懺悔自己的罪過，（懺字，是梵語。懺悔兩個字，和中文的悔字，差不多的。不過懺，是懺已經造的罪。悔，是悔以後不再造罪。懺悔兩個字，合起來，是梵語、華語雙用的意思。華語，就是中國語。）並且要求耆婆救他。他自己就把所拿的劍放掉了，停止用這把劍來殺害母親。一面用命令去知照宮裏的侍奉官，把他的母親關禁在深宮裏，不再讓她出來了。

在阿闍世的意思裏，只要國王死，並不一定要殺死母親。那他為什麼要殺母親？因為母親死了，就沒有人拿食品去供給國王，國王就會餓死。所以他看見月光和耆婆不幫助他，就不敢殺害母親了。但不殺害母親，又怕母親用食品供給國王，國王還是不會餓死的。所以把國太夫人關禁起來，那國王終有一天會餓死的。

時韋提希，被幽閉已，愁憂憔悴。遙向耆闍崛山，為佛作禮，而作是言：

解

被幽的**被**字，是被旁人幽閉的意思。

幽字，是暗的意思。

閉字，是關的意思。凡是關人的地方，大半都不明亮的，所以稱幽閉。

愁字，是不快活、不放心的意思，和憂字差不多的。

憔悴，是面貌乾枯、不滋潤的意思。

釋

阿闍世下了把母親關禁的命令後，他的母親韋提希，就被關禁在深宮裏了。沒有吃、沒有喝，心裏又很憂愁，臉上非常的乾枯。她想國王那裏，沒有人可以送食品去，國王終不免要餓死。

她又不能夠親自去見佛，實在沒有方法好想，只好遠遠的，向耆闍崛山，對了佛行禮，說下面的話，求佛救他。

如來世尊！在昔之時，恆遣阿難，來慰問我。我今愁憂，世尊威重，無由得見，願遣目連尊者、阿難，與我相見。

解

如來，是佛十種德號裏的一種。**如**字，是不變的意思。**來**字，是隨緣的意思。（隨緣，是說機緣怎樣，就隨了機緣，沒有一點固執不圓通的見解。在朝暮課誦白話解釋卷下裏，有詳細註解。）

昔字，是從前的意思。

恆字，是常常的意思。

慰字，是安慰的意思。

釋

韋提希先向佛稱一聲如來世尊，就接下去說道：從前的時候，佛常常差阿難來向我安慰，向我問好。

我現在很愁悶、很憂急，想要見見佛，又因為佛威嚴很重，沒有緣由能夠見到。（緣由，和原因一樣的意思。）我希望請世尊差派目連尊者和阿難（阿難，是佛的堂弟，也是佛的弟子。）到我這裏來，和我見見面。

國太夫人不敢請佛親自到她那裏去，所以請佛派目連和阿難去。佛的弟子很多，國太夫人所以指定這二人，也有緣故的。

因為目連是教國王八戒的師父，所以請他。阿難又是佛的堂弟，可以請他代向佛前，求佛慈悲，親自把佛法布施給她。（就是三種布施裏的**法布施**。下面佛教她**修三福**，**修十六觀**。三福十六觀，下面就會講明白的。）

作是語已，悲泣雨淚，遙向佛禮。未舉頭頃，爾時，世尊，在耆闍崛山，知韋提希心之所念，

解

有眼淚，沒有哭的聲音，叫**泣**。

雨淚，是淚水多到像雨的意思。

舉字，是抬起來的意思。

頃字，是時間很短的意思。

釋

韋提希說完了上面的幾句話，悲慘的哭泣，淚水像雨那樣的多。這是韋提希希望佛哀憐她的表示。韋提希一邊哭泣，一邊遠遠的向佛行禮，這是表示至誠懇切的意思。

在韋提希還沒有來得及抬起頭來的一剎那，佛在耆闍崛山，已經知道韋提希心裏所想念的事情了，這是佛的他心通。（他心通，是六通裏的一通，就是不論什麼人，心裏轉的念頭沒有不曉得的意思。要曉得詳細的解釋，可以查看阿彌陀經白話解釋裏，「供養他方十萬億佛」一句底下，講得很清楚。）

即敕大目犍連，及以阿難，從空而來。佛從耆闍崛山沒，於王宮出。

解

目犍連名字上面，加一個**大**字，是因為目犍連年紀大、道德高的緣故和目連尊者一樣的意思。

以字，本來是拿的意思，這裏只好說是帶的意思。

沒字，是隱下去的意思。

釋

佛知道韋提希盼望派大目犍連和阿難，到她那裏去的念頭。所以立刻就派大目犍連，還帶了阿難，從空中飛到韋提希王宮裏去。（大目犍連有神足通的，會飛行的，所以能夠帶了阿難，一同飛到韋提希宮裏去。）

佛自己從耆闍崛山，隱沒下去後，就在王舍城的王宮裏，顯現出來了。

時韋提希，禮已舉頭，見世尊釋迦牟尼佛，身紫金色，坐百寶蓮華。

解

金有四種，一、青金。二、黃金。三、赤金。四、**紫金**，也叫紫磨金，是金裏面最好的一種金。

釋

在韋提希向佛行禮已經完畢時，抬起頭來，見到佛的全身，都是紫金色的，坐在**百寶蓮花**裏。

這種蓮花，都是百種寶貝合成的。（百寶，並不是恰巧一百種，不過形容寶貝的多罷了。）

蓮花，是各種花裏最清淨的，並且是很大很軟的。所以佛往往喜歡坐在蓮花裏。雖然是百種寶貝合成的，但是這種寶貝是很軟的。

目連侍左、阿難侍右。釋梵護世諸天，在虛空中，普雨天華，持用供養。

解

侍字，是伺候的意思。

釋，是忉利天上天帝的名，完整說起來，是釋提桓因四個字，就是俗人所說的玉皇大帝。

梵是梵天，就是從我們頭頂上這一層天，再上去的第九層的大梵天。

護世，是保護世界的天王。

普字，是周遍的意思。

雨字，讀第四聲裕音，像雨那樣從天上落下來的，所以稱雨。

天華，是天上的花。

持字，是拿的意思。

釋

佛坐在蓮花裏，目連伺候在左邊，阿難伺候在右邊。

我們頭頂上的天是第二層天，叫忉利天。

在須彌山的頂上，是帝釋所管的天。

在須彌山腰的四周圍，東、南、西、北各有一層天，叫四天王天，有四位天王分管的，這是第一層天。

從四天王天上去六層天的人，都還有男女情慾的，所以叫欲界。

再上去的三層天，已經只有男人，沒有女人了，很清淨的，所以叫**梵天**。（梵字，就是清淨的意思。）這裏的一個梵字，就是指梵天說的。

護世，就是四天王天的天王。因為那些惡鬼惡神，都要吃四天王天上的眾生的。護世四天王，各各保護他們自己天上的眾生，不讓許多的惡鬼惡神來害眾生，所以叫護世。

像這樣許多的天帝、天王，（要詳細知道各天的情形，可以查看阿彌陀經白話解釋，「無量諸天大眾俱」一句底下，講得很詳細的。）都在虛空裏，（虛空裏，就是天空裏。）普遍的散出天上各種寶貴的花下來，（說到釋梵護世的

諸天，又說到普雨，那表示所有虛空裏，都有花散下來，沒有一處不散下來的了。）用做供養佛的物品。

時韋提希，見佛世尊，自絕瓔珞，舉身投地，號泣向佛，白言：

解

自絕兩個字，即自己把穿瓔珞的線扭斷的意思。

號字，是大聲叫喊的意思。

號泣，是一邊叫喊，一邊哭的意思。

釋

在許多天帝天王散天花的時候，韋提希見到佛坐在蓮花裏。就把自己裝飾的瓔珞，扭斷了穿線。把自己的身體伏在地上，向佛禮拜。

這時韋提希被阿闍世關禁的日子長了，受到種種的苦惱，一見到佛就不知不覺的又悲傷、又快樂，所以發出這樣的情景來。並且還向佛一邊叫喊、一邊放聲大哭，說出向佛請求的話。

世尊！我宿何罪，生此惡子？世尊復有，何等因緣，與提婆達多，共為眷屬？

解

宿，是宿世，就是前世。

復字，和前面不令復出的復字一樣。

眷屬，是本家或是親戚、或是一起修學的人，都可以稱的。

釋

韋提希問佛道：我在前世造了什麼罪業，（說到宿字，那不但說前一世，就是前十世、百世，都包括在裏面了。）今世會生出這樣的惡兒子來？佛和提婆達多，又有什麼因？什麼緣？（因字，是原因的意思。緣字，是幫助成為的意思。一個人在這一世上，成為父子、兄弟、夫婦、朋友，都是前生種過因，結過緣的。種了好因，結了好緣，到了這一世，大家就很和好的。種了惡因，結了惡緣，到了這一世，大家就像冤家一樣的，你要害我、我要害你了。）

會和這樣的惡人，做成了眷屬呢？（因為提婆達多，是佛的堂弟，所以稱做眷屬。）

惟願世尊，為我廣說，無憂惱處，我當往生，不樂閻浮提，濁惡世也。

解

廣說，是詳詳細細的說。

閻浮，是一種樹的名稱。

提，是梵語，翻譯成中文，是一個洲字。因為閻浮樹，是樹林裏最大的樹，所以就把這個樹的名，做了洲的名。

濁惡世的**濁**字，就是污穢不清淨的意思。濁有五種，就是劫濁、見濁、煩惱濁、眾生濁、命濁。惡有十種，就是殺、盜、淫、妄言、兩舌、惡口、綺語、貪欲、瞋恚、邪見。（這五濁十惡，下面「釋」裏，會解釋清楚。）

釋

我現在只希望，佛為我詳詳細細說，沒有憂愁煩惱的地方。我要生到那裏去，我不喜歡住在閻浮提。（閻浮提，就是我們現在所住的南瞻部洲。

可以查看阿彌陀經白話解釋裏，「從是西方過十萬億佛土」一句底下，有詳細解釋。）因為這個閻浮提，是五濁十惡的世界。住在這個世界上，只有苦惱，沒有安樂的。

五濁的第一濁，是**劫濁**。劫是梵語，完整說起來，是劫波兩個字，翻譯成中文，是災難的意思。劫本來沒有什麼叫做濁，因為有了下面的四種濁，才造成了劫濁的。

劫有大劫、中劫、小劫、三種。

在一個大劫裏，有成、住、壞、空、四個中劫。（這四個中劫，要算壞劫是最苦的了。若是要詳細知道各種災難，可以查看阿彌陀經白話解釋裏，「於今十劫」一句底下，有詳細解釋。）

一個中劫，有二十個小劫。

一個小劫，就是人的壽命，從最短只有十歲的時候算起，每過一百年加一歲，加到八萬四千歲，就要每過一百年減一歲了，仍舊減到十歲。像這樣的加一回，減一回，已經是一千六百八十萬年了，就叫一個小劫。

一個中劫，有三萬三千六百萬年。

一個大劫，有十三萬四千四百萬年。

因為到了每個劫的末後，不論大劫、中劫、小劫，都要發生各種災難的，這就是劫也稱做濁的緣故。

見濁有五種。

第一、是**我見**。

因為人都認定了有一個我，有我的一個身體。有了我的見解，就要分別出我和旁人來了。有了這種分別心，就要生出不論什麼事情，我要佔便宜。吃虧的事情，讓旁人去受。一個人為什麼會有種種的惡業，都是從我和別人的分別心上造出來的。

第二、是**邊見**。邊見就是偏見，就是不正的見解，偏在一邊的見解。有人認為一個人死了，就沒有了，沒有什麼好報應、苦報應的，造惡也不要緊，修善也沒有用的。有人認為我們這個娑婆世界上的眾生，做人的終究是做人，做畜生的終究是做畜生。不會做了惡事受苦報應，也不會做了善事受好報應的。這些人的見解，都是這樣偏的。

第三、是**戒取**。有一種外道，和邪道差不多。他們有種種的法，種種的戒，都不合正道，和佛道相反。專門引誘愚夫愚婦，加入他們的教，說是有種種的好處。不明白道理的人，就會上他們的當，不走正路、走邪路了。

第四、是**見取**。執定了自己的見解，黑的硬要說是白的，非的硬要說是是的。自己總不肯認錯，就生出爭鬥的念頭，爭鬥的事情來了。

第五、是**邪見**。凡是種種不合正當道理的見解，都是邪見。

因為這五種見解，都可以束縛住一個人，在生生死死裏轉，永遠跳不出三界去，所以都叫做濁。

煩惱濁也有五種。

第一、是**貪**。有了貪心，就這個也要，那個也要，這樣也捨不得，那樣也捨不得。不但是永遠不能夠脫離這個世界，並且有了貪心，就要造出種種的惡業來了。

第二、是**瞋**。碰到一點點不稱心的事情，就要發火，不能夠忍耐一點。因為發了這種瞋心，就要造出無窮無盡的惡業來了。

第三、是**癡**。一點也不明白道理，是的不曉得是，非的不曉得非。正路也可以走走，邪路也可以走走，自己不能夠分辨出正邪來。這樣的人，怎麼可以修道呢？

第四、是**慢**。對任何人，一味的驕傲，一味的自大，沒有一點謙虛心，恭敬心。這樣的人，學什麼事情，都不會進步，怎麼能夠學佛法呢？

第五、是**疑**。不論做什麼事情，最不好的是有疑惑心。有了疑惑心，有點信，又有點不信。今天信了，明天又不信。要想修，又想不修。心裏七上八下，沒有一點主意，這是修行最不相宜的。

這五種都是擾亂心思，使一個人生出煩惱來，不能夠有一點清淨，所以叫做濁。

眾生濁是因為眾生永遠在六道裏，生了又死，死了又生的流轉。即使做了人，也免不了生老病死的苦惱。若是生到了畜生、餓鬼、地獄、三惡道裏去，那就更加有說不盡的苦，不容易有脫離的日子了，所以叫做濁。

命濁是在這個世界上，一年四季冷暖沒有一定，時時刻刻催人老、催人死。一口氣呼出來了，也不曉得還能不能夠吸回去？人的壽命，像朝晨的露水一樣，一眨眼就沒有了，真是危險得很，所以叫做濁。（五濁、在佛經裏，不是常有的，所以特地講得詳細點，使看這本白話解釋的居士，大家都可以明白。在阿彌陀經白話解釋裏，末後「五濁惡世」一句經文底下，也有詳細註解，可以一起看看。）

十惡：

第一、是**殺**。

第二、是**盜**。

第三、是**淫**。

第四、是**妄**。（以上四惡，和五戒、八戒的前四戒，都是一樣的。）

第五、是**兩舌**。（兩舌，就是搬弄是非。在姓張的面前，說姓李的怎樣說你的壞話。在姓李的面前，說姓張的怎樣說你的壞話。）

第六、是**惡口**。（惡口，是用凶惡的話來罵人，使人發火。）
第七、是**綺語**。（綺語，是不正當的話，輕薄的話。）
第八、是**貪欲**。（貪欲，就是貪心。不論看見了什麼，這個也要，那個也要。）
第九、是**瞋恚**。（瞋恚，是發火生氣的意思。）
第十、是**邪見**。（邪見，是不合正當道理的見解。）

此濁惡處，地獄、餓鬼、畜生、盈滿，多不善聚。

解

地獄、餓鬼、畜生、三種惡道裏，地獄是第一等苦，餓鬼是第二等苦，畜生是第三等苦。

盈字，和滿字一樣的意思。

這種五濁十惡的世界，各處都是地獄、餓鬼、畜生，可以說所有世界都布滿了。

釋

這三種惡道，要算**地獄**的種類最多，受苦也最厲害，最長久。最苦的是八種大地獄，最末一種的阿**鼻**地獄了。（阿鼻，是梵語，翻譯成中文，阿字是無字，鼻字是間字，就是受苦沒有間斷停歇的意思。）

凡是在做人的時候，犯了極惡的罪業，都要墮落到這種無間地獄裏去的。所說的**無間地獄**，有五種：

第一、叫**趣果無間**。就是這一世上所造的惡業，要在這一世上受報，一定不能隔一世再受報的。

第二、叫**時無間**。就是日日夜夜受種種的苦，沒有間斷的時候。

第三、叫**身形無間**。就是一個人的身體，在地獄裏，可以遍滿各處。無窮無盡許多人的身體，也一樣的遍滿各處，人多人少，沒有分別的。

第四、叫**受苦無間**。就是受苦的刑具，各種都有。受了這種刑，又受那種刑，受刑沒有間斷的時候。

第五、叫**壽命無間**。就是身命的生死，沒有間斷。受到極重的刑，就死去了，死了又把他吹活過來，再受各種刑。一日一夜、萬死萬生，永遠沒有間斷。

地獄裏的苦，那裏說得完呢？（朝暮課誦白話解釋夜課裏，八十八佛後面一段，有詳細解釋。）說了阿鼻地獄的苦，別的種種地獄，也就可想而知了，不必多講了。

餓鬼，是肚裏常常餓，口裏常常渴。（渴，就是口乾。）但是他們的喉嚨，像針眼那樣細，即使有人給他們吃喝，他們也不能多咽下去。並且吃的、或是喝的東西，到了口裏，就會變成了火，不能咽下去的。這種餓鬼，大半是活在世界上的時候，多犯了惡口、兩舌的罪，所以受到這種報應的。

畜生，是兩足的鳥，四足的獸，和多足或是沒有足的活東西。不論在地面的、或是在水裏的、還有種種蟲蟻，都包括在裏面的。這是人活在世界的時候，犯殺戒、淫戒、多瞋恚心、多愚癡心、多慳貪心、（慳，是氣量小。）多驕慢心，（慢，是自大看不起旁人。）所以就投做種種的畜生。

這種地獄、餓鬼、畜生的前生、或是前前生，都是破戒法、犯惡業的報應。犯這種惡業的人，無窮無盡，都聚集在一處，所以地獄、餓鬼、畜生、遍地都是了。

願我未來，不聞惡聲，不見惡人。
今向世尊，五體投地，求哀懺悔。
唯願佛日，教我觀於，清淨業處。

解

未來，是還沒有到來的一生，就是下一世。
惡聲，就是惡口。
五體，是左足、右足、左手、右手、和頭。
投地，是五體都伏在地上的意思。
懺，是懺除從前已經造的惡業。
悔，是以後永遠不再造惡業。
日，是比喻佛的。因為佛能夠破除眾生的癡闇，（闇字，是心裏不明白的意思。）和日光能夠照破世界的黑暗一樣，所以拿日來比喻佛。

釋

我願意下一世，永遠聽不到惡的聲音，永遠見不到惡心的人。

我現在用最恭敬的禮節，把五體完全伏到地上，向佛頂禮。求佛哀憐我，允許我把從前所造的種種惡業，完全懺除。從現在起，一直到後來，所有種種的惡業，永遠斷絕，決不再犯。

但願世尊，像日光那樣的照我，教我觀照到清淨善業的世界。（清淨，是沒有一點汚濁。善業，是沒有一點惡業。就是西方極樂世界。）

二、正宗分

正宗的**正**字，是主腦和正文兩種的意思。**宗**字，是宗旨的意思，就是說這部經的主義。

從下面「爾時世尊放眉間光」一句起，一直到「無量諸天發無上道心」一句止，都是正宗分。

爾時，世尊，放眉間光。其光金色，徧照十方，無量世界。還住佛頂，化為金臺，如須彌山。

解

十方，是東方、南方、西方、北方、東南方、東北方、西南方、西北方、上方、下方。

須彌山，是各種山裏最高、最大一座山。**須彌**，是梵語，翻譯成中文，是妙高兩個字。

釋

在韋提希求佛的時候，佛就在兩眉中間放出光來。（佛的放光，在佛的兩眉中間，有一根白的毫毛，像雪一樣的白，有一丈五尺長。這一根白毫，是八角式的，周圍五寸，中間是空的，會向右邊旋轉的，像一支琉璃筒。光就從這個白毫裏，散發出來。

凡是放光，都是為了要利益眾生。那一處放光，就利益那一類的眾生。眉間放光，是利益大乘根機的。可以請一本朝暮課誦白話解釋來看看，在「爾時世尊，從肉髻中」兩句底下，有詳細解釋的。大乘，是修成菩薩成佛的人。）

光的顏色，是像黃金一樣的，周遍照到十方無窮無盡的世界。

沒有多少時候，光就收轉回來，停住在佛的頭頂上面。變成了一座黃金臺，就像須彌山那樣，又高大，又莊嚴。（須彌山，是金、銀、琉璃、玻璃、四種寶貝合成的。不像我們現在所看見的山，都是泥土和石子合成的。

莊嚴，有裝飾的意思。用莊嚴兩個字，是裝飾得很莊重嚴正，不是輕佻浮動的。是用功德來裝飾，而不是用物品來裝飾，所以叫莊嚴，不叫裝飾。

琉璃，是一種青色的寶石。

玻璃，是有些像水晶那樣的一種寶貝。不是我們現在所用的玻璃。）

須彌山，是在大海裏的，露出在水面上，有八萬由旬，在水底下，也有八萬由旬。（每一由旬有四十里。若是要曉得須彌山的詳細情形，可以查看阿彌陀經白話解釋，「從是西方過十萬億佛土」一節底下，有詳細解釋。）

十方諸佛，淨妙國土，皆於中現。

解

淨，是清淨。

妙字，是又奇、又好的意思。

於字，和在字差不多的意思。

釋

十方一切的佛，所住的又清淨、又奇妙的國土，（國土，有清淨、垢穢的分別。像我們這娑婆世界，現在正是末法的時代，釋迦牟尼佛已經示現了涅槃，彌勒佛還沒有出世。現在這娑婆世界，是沒有佛的世界了，所以已經成了穢土了。）都在佛頂上的光所化成的金臺裏，顯現出來。

或有國土，七寶合成。復有國土，純是蓮華。復有國土，如自在天宮。復有國土，如玻璃鏡。十方國土，皆於中現。有如是等，無量諸佛國土，嚴顯可觀，令韋提希見。

解

七寶，是金、銀、琉璃、玻璃、硨磲、赤珠、瑪瑙、七種寶。

硨磲，有些像白玉，有一條一條的紋路，像車輪的渠，（渠，是小溝。車輪在地上滾過的印子，像溝渠一樣。）所以叫硨磲。

赤珠，是紅色的珠。

瑪瑙，也是一種寶，形狀顏色，都有些像馬的腦子，所以叫瑪瑙。

四個**復**字，和前面「我等不宜復住於此」的復字一樣。

純字，是完全不夾雜的意思。

自在天，是欲界最高的一層天，也叫他化自在天。

嚴字，是莊嚴清淨的意思。

顯字，是顯明沒有垢穢，只有清白的意思。

釋

十方一切佛的清淨奇妙國土，雖然各個不同，但是大半都是金、銀、琉璃、玻璃、硨磲、赤珠、瑪瑙、七種寶貝合成的。

還有一種國土，都是青、黃、赤、白、各種顏色的蓮花合成的。

還有一種國土，又莊嚴、又華美，像自在天上天王的宮殿一樣。

再有一種國土，像玻璃鏡那樣明亮的。這樣種種的十方國土，都在佛頂所放的光裏現出來。

多到無窮無盡，不能用數目來計算。十方諸佛的國土，都是非常的莊嚴清淨，好看得很，這是佛顯現出來的清淨奇妙境界，為了給韋提希看的。

時韋提希白佛言：世尊！是諸佛土，雖復清淨，皆有光明，我今樂生，極樂世界，阿彌陀佛所。惟願世尊，教我思惟，教我正受。

解

阿彌陀佛所的一個**所**字，就是阿彌陀佛住的地方。一個人把心定住了後，就沒有什麼可想念的。但是在心沒有定住之前，是有很多想念的，這就叫**思惟**。離開妄想、邪念，叫正。（妄想，就是亂念頭。）妄想、邪念都停止了，把這個心完全安放在佛法上，叫**正受**。

釋

韋提希見到了佛所放的光裏，有許多佛住的國土。雖然各有不同的清淨奇妙，但是韋提希有她自己的願心。所以向佛說道：世尊！這各種的佛土，都很清淨，沒有一處不好。世尊教我看這各種清淨世界，是世尊的慈悲，若要我自己選擇，我喜歡生到只有樂、沒有苦的極樂世界，阿彌陀佛所住的那裏去。

但願佛教我定住了心的想念，教我把這個心完全安住在佛法上，沒有一點點散亂的心想到別處去。

爾時，世尊，即便微笑。有五色光，從佛口出。一一光照，頻婆娑羅王頂。

解

微字，是少和小兩種意思。

微笑，恰巧和大笑、狂笑相反的。

一一光，是一道一道的光。

釋

佛不隨便笑的，一定要合了佛的願心，才會向人露出一些笑來。佛聽到了韋提希不願意住在這惡濁世界，願意往生西方極樂世界，求佛教她往生西方的修法。正合了佛勸化眾生，救度眾生的大慈悲心。所以佛立刻就向韋提希微微的笑。這是佛稱讚、獎勵韋提希的意思。

一面從口裏放出五色的光來。（佛從口裏放光，是利益小乘的，因為佛眼看出頻婆娑羅王，是小乘的根機。所以從口裏頭放出利益小乘的光來照他。）

不過上面是韋提希請求佛的，怎麼佛放光不照韋提希，倒反照到頻婆娑羅王的頂上呢？

這裏佛有兩種意思：

一種是佛要使王見到了佛光，可以加添王歸向佛道的心，可以明白王位是虛假的，不能夠了脫生死，將來還是免不了要死的。所以王一經佛光照過，就成阿那含。（阿那含，下一段釋裏，就會講明白的。）

還有一種意思，是要使韋提希看見佛光照在國王的頂上，就解除了種種憂愁煩惱。她自己信仰佛法的心，更加增進，更加深切的修。將來自然會償她往生西方極樂世界的願。

爾時，大王，雖在幽閉，心眼無障。遙見世尊，頭面作禮，自然增進，成阿那含。

解

大王，就是頻婆娑羅。

障字，是阻礙、遮隔的意思。

阿那含，是聲聞四果裏的第三果。

釋

在佛放光的時候，國王頻婆娑羅，雖然被阿闍世關禁在七重深的房裏，但是國王不起煩惱心。他的心是很安定的，他的眼是很明亮的，沒有什麼阻隔的。

雖然離開佛住的耆闍崛山很遠，雖然七重房的牆壁很厚，都不能夠阻隔他的視線。（視線，是眼睛一直看的一道線。）還是能夠清清楚楚，見到佛的。國王一見到佛，就把自己的頭面，碰在地上，向佛頂禮。他不知不覺，增長了很多佛道，頓時就成了阿那含果了。

阿那含果，是修小乘聲聞法四果裏的第三果。**四果**是**須陀洹**、**斯陀含**、**阿那含**、**阿羅漢**。修成了這四種果的人，就叫**聲聞**。（聲聞，是修小乘苦、集、滅、道四諦法的。四諦，在後面第十五觀裏，有詳細解釋的。）阿那含，是梵語，翻譯成中文，是不來兩個字。就是不再到這個有生死的世界上來了。就不會再到這個世界上，生了又死，死了又生了。

爾時，世尊，告韋提希：汝今知不？阿彌陀佛，去此不遠。汝當繫念，諦觀彼國，淨業成者。

解

不字，和否字一樣的意思。（下面還有應該用否字的地方，也寫成不字的，就不再註解了。）

繫字，有接連和縛住兩種意思。**繫念**，就是把這個心，想定在一處，不想到他處去，接連的想，不斷的想，像縛住在一處的樣子。

諦字，是詳細切實的意思。

釋

佛看見頻婆娑羅王，已經成了阿那含。又想起了韋提希，情願生到阿彌陀佛的西方極樂世界去，所以就向韋提希說道：你現在曉得嗎？

阿彌陀佛離開這王舍城，並不遠的。

你應該常常接連不斷的想念阿彌陀佛。還要詳詳細細、切切實實的、觀想阿彌陀佛的極樂國。在極樂國的人，都是修成了**淨業**的。（什麼叫**淨業**呢？凡是所轉的念頭、所做的事情，不論善的、惡的，都叫做業。轉善念頭，做善事情，叫善業。轉惡念頭，做惡事情，叫惡業。淨業，是清淨的業，就是修佛道。怎樣的修法，就是修下面所說的三種福。）

我今為汝，廣說眾譬。亦令未來世，一切凡夫，欲修淨業者，得生西方，極樂國土。

解

廣字，是大和多兩種意思。

譬，就是譬喻。

未來世，還沒到來的一世、十世、百千萬億世，都包括在裏面了。

在生死裏，迷迷惑惑，轉來轉去，生了又死，死了又生，不覺得苦惱，不曉得修佛法的俗人，叫**凡夫**。

釋

我現在為你，詳細說種種的譬喻。你可以明白西方極樂世界的樂處，也可以使未來的一世、十世、百千萬億世，所有十方世界上的凡夫，有願心修淨業的人，都能生到西方極樂國土。

欲生彼國者，當修三福。一者、孝養父母，奉事師長，慈心不殺，修十善業。

解

彼字、是那個的意思。

長字，就是尊敬有道德的長者的意思。

凡是要生到西方極樂國土去的人，應該要修三種福。

釋

第一種福、是**孝養父母**。說到一個孝字，那就多得很哩！敬重父母、親愛父母、事事要依順父母，不可以有一點點違背父母、不可以使父母有憂愁不快活的心思、不可以做不應該做的事情、或者學習下流，使父母受人吐罵。好的食品讓父母吃，好的衣服讓父母穿。時時刻刻，都應該記念父母生我、養我、教我的大恩大德。父母有病，應該求醫診治，親自煎湯餵藥。父母死後，殮葬一切，（人死了，把新的衣服穿好了，放進棺材裏去，叫殮。）要盡我的心，盡我的力。還要念佛誦經，超度祭祀，使父母能夠往生西方。這是孝養父母最大、最要緊的一件事情。

做兒子的，應該要孝養父母的事情有很多，哪裏說得完呢？現在曉得孝養父母的人，不多了，嚕嚕囌囌說了許多。想借這機會，勸勸現在做兒子的人。

奉，是供奉。

事，是服侍。

師長有世間的師長，（是俗人的師長，教弟子讀誦詩書，修行仁義的。）有出世的師長。（是學佛法的師長。）

慈心，是大慈悲心，也就是佛的心。修行人要有慈悲心，不可以殺有生命的東西，這是不論在家人、出家人、小乘人、大乘人都要戒的。殺生是最重的惡業，這和佛的大慈大悲是相反的。一個人活的時候，專門殺害生命，到死的時候，還能往生淨土嗎？天下絕無這種道理。

十善業、是不犯十惡，（十惡，在前邊五濁惡世底下，已經詳細解釋過。）就是十善。

修，就是禁戒不犯的意思。

二者、受持三歸，具足眾戒，不犯威儀。

解

受，是領受在心裏的意思。

持字，是常記住不忘掉，像用手來捏住的意思。

三歸的**歸**字，和皈依的皈字一樣的，是從邪的一邊，反過來歸向到正的一邊去。三皈、就是皈依佛、皈依法、皈依僧。

具足，是完全的意思。

威儀，是說行、（是走路。）住、（是停住不動。）坐、臥，（是睡。）都有威嚴。（威嚴，是鄭重不輕浮的意思。使人看見了，生恭敬的心，不是使人看見了，生懼怕的心。）

儀字，是禮節、面貌、身體，都有正當合法的樣子。

犯字，是違背的意思，就是不合法則。

釋 第二種福，是要領受記得三種皈依。

第一、是**皈依佛**。倘若本來已經皈依了邪的外道神鬼，就應該要反過來，皈依正的佛菩薩。

第二、是**皈依法**。倘若已經皈依了邪的魔法，就應該要反過來，皈依正的佛法。

第三、是**皈依僧**。倘若已經皈依了修邪術的人，（術、就是法術。）就應該要反過來皈依出家修佛法的正僧。

能夠皈依佛、法、僧的人，都可以跳出三惡道和三界裏生了又死、死了又生的苦。（**三界**，是**欲界**、**色界**、**無色界**，在阿彌陀經白話解釋，「無量諸天大眾俱」一句底下，有詳細註解。）

還要守種種的戒法：

在家修行的人，不論男女，都應該要守五戒。（就是殺、盜、淫、妄語、飲酒。）

出家的比丘，應該要守二百五十戒，比丘尼應該要守五百戒。

既然做了修行人，應該要有修行人的樣子，要守修行人的規矩，無論行、住、坐、臥，都要端端正正，有些威嚴。使大家看見了，生恭敬的心，若是顯出了一點輕浮的舉動來，就違犯了威嚴儀式了。要求生到淨土去的，都要處處留心，時時注意。

三者、發菩提心，深信因果，讀誦大乘，勸進行者。如此三事，名為淨業。

解

菩提，是梵語，完整說起來，是菩提薩埵四個字，翻譯成中文是覺悟的意思，（覺，就是不迷。悟，就是醒悟。）也可以翻譯做道字。

因字，是種子的意思。下了什麼種，就結什麼果，所以叫因果。

大乘，是指講大乘佛法的經。聲聞、緣覺是小乘，佛菩薩是大乘。（緣覺，是修十二因緣法修成的。在這裏沒有什麼大關係，解釋起來很複雜的，所以不講了。若要曉得清楚，在阿彌陀經白話解釋裏，「皆是大阿羅漢」一句底下，講得很明白。）

勸進，是勸導旁人上進的意思。

行者，就是修行人。

釋 第三種福，**發菩提心**，是發道心，就是要發成佛的大心。（大心，是放大心量，不求成緣覺、聲聞的心，求成佛、成菩薩的心。）發心大，成功也大，所以要發大心。

還要深切相信，種什麼因，一定會結什麼果。譬如種了豆下去，一定是結成豆，絕不會結成穀。種了穀下去，一定是結成穀，絕不會結成豆。所以種了成佛、成菩薩的因，一定就會成佛、成菩薩，絕不會成聲聞、緣覺的。種了聲聞、緣覺的因，一定只能夠成聲聞、緣覺，絕不會成菩薩。所以因果不可不信，並且不可不深信、切信的。

還要應該**讀**（看了書出聲念，叫讀。）**誦**（不看書，或是雖然看書，但不出聲念，叫誦。）大乘的經典，不可以讀誦小乘的經典。

乘字，本來就是車。

大乘，是大車，可以多裝東西的。譬如佛菩薩能夠勸度無量的眾生。

小乘，是小車，不能夠多裝東西的，譬如聲聞、緣覺，只能夠度自己免生死的苦，不能夠普度一切眾生。

從第一福、孝養父母起，一直到第三福、讀誦大乘，十一種修法，都是利益修行人自己的。這末一句，勸向來不修行的人，進步為修行佛法的人，才是利益旁人的事情。要修淨業，一定要做利益旁人的事情，這是一件很要緊的事情。像上面所說的三種福，就叫**淨業**。

佛告韋提希：汝今知不？此三種業，乃是過去、未來、現在、三世諸佛，淨業正因。

解

三世，就是已經過去的一世、還沒有來的一世、和現在的一世。

正因，是修成淨業正當的原因，就是修成淨業正當的種子。

釋

上面三種福的話，本來就是佛親口說的。這裏又向韋提希問一句，你現在曉得了嗎？佛只怕韋提希和後世的修行人，不太注意，所以又重說一遍。

這三種業，（三業，就是前面所說的三福。）就是在過去世、現在世、未來世、出現的一切諸佛，修淨業的正正當當的種子。佛勸化修行人，是這樣的懇切，這樣的不怕繁瑣，真是我們的大慈悲父呀！

佛告阿難，及韋提希：諦聽！諦聽！善思念之。如來今者，為未來世，一切眾生，為煩惱賊之所害者，說清淨業。

解

諦字，有切實、詳細兩種的意思。

善字，是好的意思。

第二個**為**字，是被字的意思，就是被煩惱賊所害的眾生。煩惱能夠傷害慧命的。（凡俗人的命，是年歲、壽命。修行人的命，是智慧，所以叫慧命。）所以煩惱叫做賊。

釋

前面的一段，是佛向韋提希一個人說的話。這裏又加上一個阿難，是因為將來阿難要編集這部經，所以要阿難格外的靜心仔細的聽，將來編起來，不會錯誤。這是佛為了後世的修行人，勿走錯路的大慈悲心。所以囑咐阿難、韋提希二人道：你們要切實詳細的聽。（連說兩個諦聽，也是鄭重的意思。要聽的人格外的注意。）

聽了還要好好的想念，牢牢的記住。佛現在為了將來的世界上，被煩惱賊所傷害，不能夠跳出這五濁惡世的一切眾生，詳細的說清淨的善業。

善哉！韋提希，快問此事。阿難！汝當受持，廣為多眾，宣說佛語。

解

善，是好的意思。

哉字，是虛字，有點稱讚的意思在裏面。

此事，是這一件事情，就是問生到西方極樂世界去的事情。

宣字，是宣佈出來的意思。

釋

凡是佛稱讚人都是用善哉兩個字的。佛因為韋提希願意生到西方極樂世界去，所以稱讚她。前面佛所說的修三福，只不過說了一個大概，沒有詳細的說，所以要韋提希再問問明白。

阿難專門把佛說的佛法，編成佛經。所以鄭重囑咐阿難說：你應該領受、記住我說的話，到各處去為眾生，宣傳講演。並且編成經典，使後世、後後世的眾生永遠流傳下去，使大家都曉得，修往生西方極樂世界的法門。

如來今者，教韋提希，及未來世，一切眾生，觀於西方，極樂世界。

解

這個**觀**字，和經題中的觀字一樣。

釋

佛現在教韋提希，和未來世界所有的一切眾生，觀想西方極樂世界種種奇妙的景象。

以佛力故，當得見彼，清淨國土。
如執明鏡，自見面像。
見彼國土，極妙樂事，心歡喜故，
應時即得，無生法忍。

解

應時，是立刻的意思。

無生法忍，是一種修行功夫的名稱。沒有生也沒有滅，叫無生，其實就是真實的理性。智慧證到了真實的理性，叫無生。

忍字，是安住的意思，就是把智慧安住在真實的理性上。

釋

韋提希是一個凡夫，只有肉眼，（眼有五種。凡夫的眼，叫**肉眼**。天上人的眼，叫**天眼**。聲聞、緣覺的眼，叫**慧眼**。菩薩的眼，叫**法眼**。佛的眼，叫**佛眼**。）怎能看到西方極樂世界呢？這是因為佛用佛力來幫韋提希，韋提希靠了佛力，所以能見到西方清淨國土。像用明亮的鏡子，自己看見自己的臉一樣。能看到那國土裏種種極奇妙的快樂事情，因為心裏歡喜，所以立刻就得到了無生法忍。

要曉得眾生因為種種的煩惱太多了，所以現出生滅的形相來，講到真實的理性，哪裏有什麼生？哪裏有什麼滅？得到無生法忍的人，心裏很安閒舒服，沒有一點點的煩惱發出來。所以永遠不會被外面的境界所迷惑、動搖，和再墮落下去。（無生法忍，在朝暮課誦白話解釋卷首，佛法大意裏也曾講過。）

佛告韋提希：汝是凡夫，心想羸劣，未得天眼，不能遠觀。諸佛如來，有異方便，令汝得見。

解

羸字，讀做雷字音，是疲軟的意思。

劣字，是衰弱的意思。

凡夫，是娑婆世界上的俗人。

方便，是使旁人得到利益，沒有為難。

異方便，是特別奇異的方便。

釋

佛囑咐韋提希說：你是凡夫，心裏的想念，是疲軟的，（就是沒有能力，沒有智慧。）衰弱的，沒有力量的。並且你只有肉眼，沒有天眼，（有了天眼，就不論遠近、內外、日夜，都能夠看得到，沒有阻礙了。）不能夠看到遠的地方。

本來你看不到西方極樂世界的，諸佛因為要你修淨業，將來可以生到西方極樂世界去，所以用了特別的方便法門，使你能見到西方極樂世界種種的勝妙景象。（勝妙，是特別的好。）

時韋提希白佛言：世尊！如我今者，以佛力故，見彼國土。若佛滅後，諸眾生等，濁惡不善、五苦所逼，云何當見，阿彌陀佛，極樂世界？

解

滅，是滅度，就是滅除生死，沒有生生死死的苦了。

五苦，有生苦、老苦、病苦、死苦、犯罪枷鎖苦的一種說法。（犯了罪，要把枷套在頭頸裏，或是鎖住了兩手兩足。）還有一種說法，是地獄、餓鬼、畜生、人、天、五道的苦。（天道雖然是樂的，但是天福享完了，仍舊要墮落到惡道去的，所以也算是苦。）

云何，和如何一樣的，是怎麼樣的意思。

釋

韋提希聽到佛說完了話，就向佛說道：世尊，像我現在依靠了佛力，能夠見到西方極樂世界。

若是將來佛滅度後，沒有佛力可以依靠，這個世界上的眾生，又都犯五濁、十惡種種的不善。沒有善行的人，被地獄、餓鬼、畜生、人、天五種苦道所逼迫，哪裏還能見到阿彌陀佛的極樂世界呢？

佛告韋提希：汝及眾生，應當專心，繫念一處，想於西方。云何作想？凡作想者，一切眾生，自非生盲，有目之徒，皆見日沒。

解

專心，是把心思專門用在一處，不夾雜別種想念在裏面。

盲，是瞎眼，生下來眼睛已經瞎了的，叫生盲。

沒字，是落下去的意思。

釋

佛因為韋提希問，若佛滅度後，沒有了佛力的幫助，怎麼能夠見到西方極樂世界？佛就教他觀想西方極樂世界的方法，說道：要看極樂世界，應該要一心一意，把念頭歸在一處，不要想到別處去，要專心想念西方。

要怎麼樣的想念呢？要曉得凡是用想念功夫的，一切眾生中除了生下來就瞎眼的人，看不到之外，那些有眼睛的人，大家都能夠見到太陽落下去的。

當起想念，正坐西向，諦觀於日，欲沒之處。令心堅住，專想不移，見日欲沒，狀如懸鼓。

解

住字，是停住不動的意思。

堅住，是把自己的心，堅牢的停住在那裏，一點也不讓它變動。

懸字，是掛起來的意思。

釋

看到太陽要落下去的時候，應該要發起想念的心來，端端正正面向西方坐定了，看準了太陽落下去的地方。

把自己的心，著牢在太陽上看，專心想念這個太陽，不讓這個心移動到別處去。那就能夠見到太陽要落下去時候的形狀，像掛在虛空裏的一面圓鼓。

既見日已，閉目開目，皆令明了。是為日想，名曰初觀。

解 **明了**的**了**字，是清楚的意思。

釋 已經看到了太陽後，閉眼、開眼都能夠看得明明白白，清清楚楚。這種思想，就是日想。（這個「想」字，其實就是觀字的意思，因為這個觀字，本來就是想的意思。）名稱就叫**初觀**。（**初觀**就是第一觀，這部觀無量壽佛經，本來也可以叫十六觀經，因為這部經的正宗，是講十六種觀想法的。這一段講觀日，是十六觀裏的第一觀。）

次作水想，見水澄清，亦令明了，無分散意。

解

次字，是第二的意思。

澄字，和清字一樣的意思，但是有把水濾清的意思。

釋

第二觀，是要觀想水了。一邊想、一邊還是要觀。雖然看到水是很清的，但是也要一心一意，使兩隻眼、一個心，都覺得明明白白，清清楚楚，沒有一點點分散雜亂的意思。

既見水已，當起冰想，見冰映徹，作琉璃想。

解

映字，是照的意思。
徹字，是透的意思。
映徹，是照起來透明的意思。
琉璃，是一種青色的寶，須彌山的南方，生產這種寶。

釋

已經見到了水，應該要發起水變冰的觀想念頭來了。看見冰照起來是透明的，要把冰當琉璃寶那樣的觀想。

此想成已，見琉璃地，內外映徹，下有金剛，七寶金幢，擎琉璃地。

解

金剛，是一種寶，非常堅固鋒利，可用來切玉，世上稀有。

幢字，是一支很高的木柱，外面用各種的絲或綢來包起來，放在佛的面前，用來指揮眾生，制伏魔鬼的。

擎字，就是擎起來，撐起來的意思。

釋

看到了冰的透明，就要發起冰像琉璃那樣的觀想。觀想成功了，就能看到琉璃地了。（這裡的觀想成功，就是教修行人觀想水，使他的心停住在水上面不散亂。又把水轉成了冰，又把冰轉成了琉璃，又把琉璃轉成了琉璃地。）看見琉璃地，裏裏外外都是很透明的地。

地下有金剛寶和金、銀、琉璃、玻璃、硨磲、赤珠、瑪瑙、七種寶貝做成的金幢，把這個琉璃地撐起來。

其幢八方，八楞具足。一一方面，百寶所成。一一寶珠，有千光明。一一光明，八萬四千色，映琉璃地，如億千日，不可具見。

解

楞字，和棱一樣就是角。因為八方，所以八個棱角都俱全。

釋

這個金**幢**，是八角式的，八個角都俱全。

一面一面，（有八角，八個面，所以說一面一面。）都是百寶裝成。

百寶裏的一顆一顆寶珠，都有一千道的光明。放出來的一道一道的光明，又各個有八萬四千種顏色，都映照在琉璃地上。像有**億千**個太陽一樣的明亮，（億字，有各種的說法。有的說一億是十萬，有的說百萬，有的說是千萬，有的說是萬萬，從前大概說一億是十萬的比較多。）無法完全看清楚。

琉璃地上，以黃金繩，雜廁間錯，以七寶界，分齊分明。一一寶中，有五百色光，其光如華，又似星月，懸處虛空，成光明臺。

解

廁字，是軋在裏面的意思。

雜廁，是夾夾雜雜的軋在裏面。

錯字，是雜亂的意思。

間錯，是和別種東西雜亂的夾在裏面。

分齊，就是分劑，是一份一份的意思。

釋

在琉璃地上，拿黃金來做繩子用的。（我們世界上的黃金，是很堅硬的，怎樣能夠做繩用呢？極樂世界用黃金來做繩，是因為極樂世界的黃金，是可以要它硬就硬，就它軟就軟的。）拿黃金的繩來隔開道路。橫的、直的、正的、斜的，種種都有。

都是用七種寶來分別界限的，一份一份分別得很清楚，一點也不雜亂。

這種分別界限的七種寶，在每一個寶裏，都有五百種顏色的光放出來。

這種光，又像花、又像天上的星和月的光，掛在虛空裏，形成了一座很光明的寶臺。

樓閣千萬，寶合成。於臺兩邊，各有百億華幢、無量樂器，以為莊嚴。

解

這幾句是說用許多的寶貝，來莊嚴琉璃地。這些寶貝，都是阿彌陀佛的功德莊嚴而成，所以這**莊嚴**兩個字，是用功德來裝飾的意思。

釋

還有樓和閣，成千上萬的多。每一座樓、每一座閣，都是由百寶合成。（不像我們世界上的樓閣，都是由木石磚瓦所造。）

在臺的兩邊，每邊各有種種奇花做成的幢，也有百億之多。還有用絲做的、竹做的、吹的、彈的、種種奏樂用的器具，多到沒有數目可以計算了。這樣種種的物品，都是莊嚴琉璃地所用的。

八種清風，從光明出，鼓此樂器，演說苦、空、無常、無我之音。是為水想，名第二觀。

解

八種，就是八方。（八方，是十方除了上、下兩方。）**鼓**字，是敲的意思。凡是敲打樂器，都可以用一個鼓字。**演說**，就是講。不過說字上面加一個演字，不但用口來講，還用手來指點的意思。

苦、空、無常、無我，在下面的「釋」裏，就會講明白。

釋

東、南、西、北、東南、西南、東北、西北、**八方**的**清風**，都是從琉璃地上，種種的光明裏吹來的。風吹到了各種樂器上面，各種樂器，就自然發出講演苦、空、無常、無我四種佛法的聲音來。

大家想想看，樂器會演說佛道的，稀奇不稀奇呢？

所說的**苦**，或是自己尋煩惱，或是受旁人的逼迫，這個世界上的苦，多得很。有三苦、**八苦**、十苦、一十苦、種種的不同。（在阿彌陀經白話解釋裏，「無有眾苦」一句底下，講苦字是很詳細的。）最普通的說法，是八種苦。

第一、**生苦**，就是在娘肚裏的時候，和生時的苦。

第二、**老苦**，就是到了年紀老的時候，有種種的苦。

第三、**病苦**，就是生病時的苦。

第四、**死苦**，一個人到了死的時候，都有種種說不出的苦。

第五、**愛別離苦**，就是很要好的人，常常有不得不離開的苦。

第六、**怨憎會苦**，（怨憎，是恨和厭的意思。）大家有怨仇或是不喜歡的人，常常要碰見的苦。

第七、**求不得苦**，就是不論要一件東西，或是要做一件事情，偏偏做不到的苦。

第八、**五蘊熾盛苦**，（五蘊，也可以叫五陰。陰字、蘊字、都是遮蓋包藏的意思。）**五蘊**，就是**色**、**受**、**想**、**行**、**識**。（一個人的身體，和種種有形相的東西，都可以叫色。受，是一個人所受到樂的、苦的境界。想，是心裏常常想的亂念頭。行，是一個亂念頭過去了，一個亂念頭又來了，接連不斷的意思。識，是分別種種東西這樣好，那樣不好的心。）有了這五種蘊，使得一個人迷惑顛倒，生出種種的壞念頭來，就要造惡業，受苦報應了。

空，也很有幾種的說法，最簡單的說：一個人的身體，只要一口氣不來了，身體還有什麼用處？那身體不是空的嗎？身體已經完全是空的，那身體外一切的一切，更沒有一樣不是空的了。

無常，是沒有長久的意思。我們這個世界上一切的法，（在佛法裏不論什麼事情，什麼東西，都可以稱法。）時時刻刻在變的，忽然生了、忽然滅了，都沒有長久的。

無我，是不明白佛法的人，都是認定我這個人的確是有的。有了我，就有和旁人的分別，就會造出種種的業來了。要曉得一個人，是地、水、火、風、四大合成的，（地，是身體裏的骨。水，是身體裏的痰、涎、大小便。火，是身體裏的熱。風、是身體能夠動。四大，在「朝暮課誦」白話解釋卷首佛法大意裏，有詳細解釋。）這四大分開了，人都不像人了，還有什麼我？請問這個我在哪裏？

修行人能夠觀想上面所說的種種，就是水想。

水想，是十六觀裏的第二觀。

此想成時，一一觀之，極令了了，
閉目開目，不令散失。
唯除食時，恆憶此事，
如此想者，名為麤見，極樂國地。

解

恆字，是常常的意思。

照佛法說，**食**應該有一定的時候。

早晨，是天上人食的時候。

午時，是佛食的時候，過了午時，佛就不食了。

傍晚，是畜生食的時候。

夜間，是鬼神食的時候。

總共有四種。

釋

上面所說的水想成功的時候，要使這種觀想，非常的明明瞭瞭。不論閉眼或是張眼，都不要讓這種景象散開，或是失去看不到了。

除了午時應該食的時候，可以暫時停息。別的時候，就要常常記住這觀想的情景。像這樣的觀想，就叫粗略（麤，音粗。）的見到極樂國地，還不可說詳細的見到極樂國哩！

若得三昧，見彼國地，了了分明，不可具說。是為地想，名第三觀。

解

三昧，是梵語，（就是印度話。）翻譯成中文，是**正定**兩個字。**正**字，是不偏不邪。**定**字，是不散不亂。

釋

若是觀想的修行人，已經得到正定功夫的，看極樂國土時，就能夠清清楚楚、明明白白。比起初觀時，大不相同了，用說也說不盡。這就叫地想，是十六觀裏的第三觀。

佛告阿難：汝持佛語，為未來世，一切大眾，欲脫苦者，說是觀地法。若觀是地者，除八十億劫，生死之罪。捨身他世，必生淨國，心得無疑。

解

捨字，是放掉的意思。

捨身，是放棄了自己的身體的意思。

釋

佛的慈悲，真是不得了，一面在教韋提希，一面又想到未來的眾生。怕記述佛所說種種佛法的阿難，（釋迦牟尼佛所說的佛法，都是阿難在佛說的時候記下了，後來整理好了，就編集成了各種佛經。所以稱他做記佛說法的阿難。）不小心漏記了、或是記錯了，所以佛又叫一聲阿難，這是提醒他注意的意思。

佛囑咐阿難道：你一定要牢牢記住我所說的話。為了未來的一世又一世的許多眾生，凡是要脫離苦惱的，你都要為他們詳詳細細的說這觀想的法門。

要曉得一個人生了又死、死了又生，都是造了惡業，所以在六道輪迴裏，不停的轉來轉去。若是有修行人，能夠觀想到極樂國地，這個人就可以免除八十億劫那麼長，生生死死的罪了。

他捨棄了這一世的身體，到了下一世，一定能夠往生到清淨的佛國去。可以放心而沒有什麼疑惑的。

作是觀者，名為正觀。若他觀者，名為邪觀。

解

正觀，是正當的觀想。

邪觀，是不正當的觀想。

釋

修行人若能夠修上面所說的那種觀想，叫做正觀。

若修別種的觀想，叫做邪觀。

正觀是應該修的，邪觀是萬萬不可以修的。

佛告阿難，及韋提希：地想成已，次觀寶樹。觀寶樹者，一一觀之，作七重行樹想。

解

重字，是一重一重的意思，也可以說是一層一層。

行字，是一行一行的意思。

釋

佛又囑咐阿難和韋提希道：地想已經成功了，又要觀想珍寶所做成的寶樹了。

寶樹，應該要一株一株詳細的觀想，還要觀想寶樹一行一行的排列，非常齊整。一重一重，有七重之多。寶樹上面的枝、葉、花、果，都是枝對枝、葉對葉、花對花、果對果、齊齊整整，一點也不雜亂。

一一樹，高八千由旬。其諸寶樹，七寶華葉，無不具足。一一華葉，作異寶色。

解

異字，是不同的意思，也可以說是稀奇的意思。

釋

一株一株的寶樹，都有八千由旬的高。那許多寶樹，每一株樹上，七種寶貝的花，和七種寶貝的葉，沒有一株不是七寶完全俱備的。

若樹幹是金的，（樹幹、就是樹的身。）那麼所有的枝、葉、花、果，就是琉璃、玻璃、硨磲、赤珠的了。

若樹枝是琉璃的，那麼所有的幹、葉、花、果、都是金、銀、玻璃、硨磲、赤珠、瑪瑙的了。
若樹葉是玻璃的，那麼所有的幹、枝、花、果，都是金、銀、琉璃、硨磲、赤珠、瑪瑙的了。
若花是是硨磲的，那麼所有的幹、枝、葉、果，都是金，銀、琉璃、玻璃、赤珠、瑪瑙的了。
若果是赤珠的，那麼幹、枝、葉、花，都是金、銀、琉璃、玻璃、硨磲、瑪瑙的了。
各樹各樣，沒有一株相同的，並且一朵一朵的花，一片一片的葉，都是稀稀奇奇，現出各種珍寶的顏色。

琉璃色中，出金色光。玻璃色中，出紅色光。
瑪瑙色中，出硨磲光。硨磲色中，出綠真珠光。
珊瑚琥珀、一切眾寶，以為映飾。

解

珊瑚，也是一種寶，出在大海裏的，形狀像沒有葉的小樹，枒枝很多的，顏色大半都是紅的。

琥珀，出在印度洋各個海島裏。（印度洋，是在印度一帶的海洋。）

釋

在琉璃色裏會發出金色的光來。在玻璃色裏會發出紅色的光來。在瑪瑙色裏會發出硨磲的光來。在硨磲色裏會發出綠色的真珠光來。還有珊瑚、琥珀，一切的許多寶貝，都映照在各種寶樹上面，（映照，是各種寶貝裏發出來的各種光，都反照在寶樹上面。）做為各種寶樹的裝飾。

妙真珠網，彌覆樹上。一一樹上，有七重網。一一網間，有五百億，妙華宮殿，如梵王宮。

解

彌字，是周遍的意思。

覆字，是蓋在上面的意思。

間字，是中間的意思。

梵王，是大梵天上的王。（從我們這個世界，一直上去，有六層天。再上去，又有十八層天。這大梵天，是十八層天裏的第三層天，這天上的種種情形，和下面一段裏的諸天。只要請一本阿彌陀經白話解釋，查「無量諸天大眾俱」一句底下的解釋，就可以明白了。）

釋

寶樹，上面已經講過，現在要講寶網了。

這種寶網，都是用極奇妙的真珠來結成的，把這種珠線，周遍的遮蓋在七重寶樹上面。

每一株寶樹上，都一重一重的蓋上七重珠網。

一重一重珠網的中間，有五百億座極奇妙的天花做成的宮殿，像梵天王王宮那樣的美麗莊嚴。

諸天童子，自然在中。一一童子，有五百億，釋迦毗楞伽摩尼寶，以為瓔珞。

解

童子，是八歲以上，二十歲以下男孩子的總稱。

自然，是沒有一點點勉強的意思。

釋迦毗楞伽摩尼，是梵語，翻譯成中文，**釋迦毗楞伽**，是能勝兩個字，就是能夠勝過的意思。**摩尼**，是一種寶珠。

釋

一層一層天上的童子，都是自然得很，舒服得很的，住在這奇妙天花的宮殿裏，享受種種的快樂。

一個一個的童子，各個有五百億顆勝過世界上一切珍寶的寶珠，做為他們掛在頸項裏的瓔珞。

其摩尼光，照百由旬，猶如和合，百億日月，不可具名。

解

猶如兩個字，有譬如、相像兩種的意思。**具**字，是完全的意思。

釋

摩尼寶珠的光，可以照到一百個由旬那樣的遠。（一百個由旬，是四千里路。）

有如一百億個日，一百億個月合起來那樣的光明。這就不能夠樣樣都說出名稱來了。

眾寶間錯，色中上者。
此諸寶樹，行行相當，葉葉相次。
於眾葉間，生諸妙華，華上自然有七寶果。
一一樹葉，縱廣正等，二十五由旬。

解

相當，是相對的意思。
相次，是有次序的意思。
縱，是直。
廣，是橫。
等字，是一樣的意思。

釋

摩尼寶珠的光裏，還有種種的珍寶，夾雜在裏面呢！這種珍寶的顏色，都是最上等的，沒有比這種顏色更好的了。

這樣許多的寶樹，一行一行排列得很齊整，每一株寶樹上的許多葉子，又一片一片隔離得很有次序，一點也不雜亂。

在許多葉的中間，又生出各種奇妙的花來，花上面自然結成各種的果。這些果也都是七種珍寶合成的。

一片一片樹葉，直向的長，橫向的闊，恰好一樣都是二十五由旬。一片樹葉，竟然大到直、橫都有一千里路那麼的大。這真是佛的境界，絕不是凡夫的心量，所能夠想得到的。

其葉千色，有百種畫，如天瓔珞。有眾妙華，作閻浮檀金色，如旋火輪，宛轉葉間。涌生諸果，如帝釋缾，有大光明，化成幢旛，無量寶蓋。

解

閻浮檀，是一條河的名稱。**檀**，是梵語，就是中國的河字。因為這條河，在閻浮樹下面，所以就叫閻浮檀。這條河出產黃金，就叫閻浮檀金。

旋字，是旋轉的意思。

涌字，和湧字一樣。

缾字，和瓶字一樣。

旛，是用一幅很長的綢，一頭縛在木竿上面，一頭讓它垂下來，這就叫旛。也有在幢的木竿上，掛一幅旛，就叫幢旛。

寶蓋，和傘相似。

釋 這種樹葉的顏色，又是各個不同的，有一千種之多呢！葉上面還現出種種的畫來，有一百種之多，像天上的瓔珞那樣。又有許多奇妙的花，都是像閻浮檀金一樣的顏色，像火輪盤那樣的旋轉，婉婉轉轉在葉的中間。

還會生出各種的果來，像忉利天上帝釋的寶瓶，要什麼就會湧出什麼來。這種瓶有很大的光明，會變成像供在佛面前的寶幢、寶旛，無數的寶蓋。

是寶蓋中，映現三千，大千世界，一切佛事、十方佛國，亦於中現。

解

是字，是這個的意思，就是指上面的無數寶蓋。

映字，是映照出來。

現字，是顯現出來。

諸佛教化眾生，救度眾生，和修行人的念誦經咒，禮拜諸佛，都可以叫做**佛事**。

佛國，是佛所住的國土，和佛所教化的國土，都可以稱為佛國。

在無數的寶蓋裏，映現出三千大千的世界來。（每一個世界豎直講起來，

釋

從阿鼻地獄起，一直經過我們這個娑婆世界。再上去到色界第三層的大梵天，在這裏面，有一個日、一個月、一座須彌山。日和月，都在須彌山的山腰周圍運行。

照橫向講起來，在須彌山的外邊，有香水海。再外邊，有七座金山，每一座金山，隔一道香水海，總共有七座金山，七道香水海。第一座金山，是須彌山一半的高。第二座，是第一座一半的高。每向外一座高就減少一半。第七座金山的外邊，有一道鹹水海，再外邊，就是鐵圍山。

這樣許多的天，許多的山，許多的海，叫一個世界。

這樣的一千個世界，叫一個小千世界。

一千個小世界，叫一個中千世界。

一千個中千世界，叫一個大千世界，也叫一個佛土。

因為有小千、中千、大千三個千的數目，所以叫**三千大千世界**。）在三千大千世界裏，所有佛做的教化眾生，救度眾生的一切事情，都顯現出來。十方諸佛的國土，也都在無數的寶蓋裏顯現出來。

見此樹已，亦當次第，一一觀之。觀見樹莖，枝葉華果，皆令分明。是為樹想，名第四觀。

解

莖，就是樹幹，也可以說是大的樹枝。

釋

已經看到了這種寶樹，也應當依序，一株一株的觀想過去，不可以前後顛倒。

先觀想樹身，再觀想樹梗、樹枝、樹葉和開的花，結的果。都要觀想得清清楚楚，明明白白。

這樣的觀想，就是樹想，名稱叫第四觀。

次當想水，欲想水者，極樂國土，有八池水。一一池水，七寶所成，其寶柔軟，從如意珠王生。

解

柔字，是軟、和順兩種意思。

如意珠王，是如意珠裏最好的珠，所以稱王。有的人說到了佛法滅的時候，所有佛的舍利，都變成如意珠。也有人說這種珠，是生在身長二十八萬里摩竭大魚腦裏的。

釋

寶樹觀想清楚後，應該要想水了。這個水，和第二觀的水，不一樣的。第二觀的水，是平常的水。這個水，是極樂國土的八功德池裏的水。

為什麼叫做八功德池水呢？

因為極樂國土有一種池，是往生極樂國土的人，在那池裏洗沐。這樣的池，在極樂國土有很多很多，並且是很大很大。最大的池，竟然有一千個由旬那麼大。池裏的水，要它多就多，要它少就少。要它熱就熱，要它冷就冷。要它到身上來，就會到身上來，要它到腿上來，就會到腿上來。只要洗澡的人，什麼念頭，水就會隨了你的念頭轉變，使你生出歡喜心。並且還有八種特別的好處。

第一、是**澄淨**，就是澄清潔淨，沒有一點點垢穢。

第二、是**清冷**，就是清淨溫涼，沒有一點點昏沉煩躁。

第三、是**甘美**，就是水的味，有一種很好的甜味。

第四、是**輕軟**，就是水的性質，又輕又軟的。我們世界上的水，只能夠向下流，這種水還會向上流。

第五、是**潤澤**，就是滋潤光滑，不論喝下去，或是洗了澡，都能夠有益人的身體。

第六、是**安和**，就是安穩和平，池雖然這樣大，但是沒有波浪，所以在池裏洗澡，是很安穩舒服的。

第七、是**除患**，（患字，是害的意思。）就是喝了這種水，不但是能夠除去渴，還能夠除去餓。

第八、是**增益**，就是喝了這種水，或是在水裏洗了澡，可以增加人的善根，使得人身體安樂，心念清淨。

有這樣八種的好處，所以叫**八功德水**。

並且一個一個池裏的水，都是七種珍寶變化而成。這七種的寶，都很柔軟，都是從如意珠王裏生出來的。

分為十四支。一一支，作七寶妙色。黃金為渠，渠下皆以，雜色金剛，以為底沙。

解

支字，和樹枝的枝字差不多。枝是從樹身上生出來的。支是從水的源頭上分出來的。

渠，是水聚集的地方，就是小河。

釋

八種的功德水，分開了十四支流。一支一支，都會變化七種珍寶的奇妙顏色。各處聚水的渠，都是黃金的。渠的底下，都是五彩的金剛，做為渠底的沙泥。

一一水中，有六十億，七寶蓮華。一一蓮華，團圓正等，十二由旬。

解

團字，和圓字一樣的意思。

釋

一支一支的水裏，都有六十億朵七寶合成的蓮花。一朵一朵的蓮花，團團圓圓，恰好有十二由旬那麼的大。（十二由旬，是四百八十里。）

其摩尼水，流注華間，尋樹上下，其聲微妙，演說苦、空、無常、無我、諸波羅蜜，

解

摩尼水，放了摩尼寶珠在水裏，水變成非常的清潔，所以叫摩尼水。

注字，有灌和放兩種意思。

尋字，和循字一樣，有依順、跟隨兩種意思。

微字，有細小、和雅緻兩種意思。

波羅蜜，是梵語，翻譯成中文，**波羅**，是彼岸二個字，**蜜**是到的意思。就是從這邊苦惱的岸，渡到那邊安樂的岸去。所以六波羅蜜，也可以叫六度。

釋

寶池裏的寶珠水會流到、灌注蓮花上去，還會沿著花梗，上去、下來。這種水的聲音，又很微細、很奇妙，並且還能夠講演苦、空、無常、無我和各種波羅蜜。

波羅蜜，有六種。**六波羅蜜**：

第一、是**布施**。（梵語叫檀那波羅蜜）布施的布字，是分散的意思。施字，是把自己的東西給旁人。布施有法施、財施、無畏施三種。

法施是用佛法來勸化人，這種功德最大。

財施是把銀錢、物品來布施給旁人。

無畏施是旁人有危險懼怕的事情，去安慰他、幫助他，使他安安穩穩過日子。

第二、是**持戒**。（梵語叫尸羅波羅蜜）持戒，就是守戒。在家人不論男女，都應該要守五戒。男出家人，守二百五十戒。女出家人，守五百戒。

第三、是**忍辱**。（梵語叫羼提波羅蜜）忍，是忍耐。辱，是被人蹧蹋。不論什麼人蹧蹋我、欺侮我、壓迫我、毆打我，都要忍耐，不和他計較。

第四、是**精進**。（梵語叫毗梨耶波羅蜜）精進，是不論修什麼法、做什麼事都要盡自己的力量，向前上進，不肯退後。

第五、是**靜慮**。（梵語叫禪波羅蜜。禪字，完整說起來，是禪那兩個字。）靜字，是停止散亂的心。慮字，是想念真實的道理。

第六、是**智慧**。（梵語叫般若波羅蜜）智字，是能夠明瞭一切諸法。慧字，是能夠斷絕一切迷惑，和世俗所說的聰明，是兩樣的。聰明可以做好事情，也可以做壞事情。智慧是只會走正路，不會走邪路的。

上面所說苦、空、無常、無我、六波羅密等種種的法、種種的理，都是摩尼水的聲音變化出來的。

大家想想看，阿彌陀經上說，西方極樂世界的種種鳥，都會演講佛法，大家聽了已經覺得稀奇得不得了。現在竟然水也會演說佛法了，恐怕不論那一個佛土，都沒有像極樂世界那樣奇妙的吧！

復有讚嘆，諸佛相好者。

解

復字，和又字一樣的意思。

相字，是佛身上的各種相。

釋

做偈頌來讚佛，還嫌讚不完全，再用言語來讚嘆。佛的身相，雖然有許多微細奇妙的相，但是看起來，還是明明瞭瞭，很容易分別清楚，這種相，叫大相。也有很細小的相，看起來覺得很可愛，使人生出歡喜心叫好，也可以叫小相。這種**好**，能夠莊嚴大相，使得大相更加好看。

講到佛的**化身**，（佛有三**身**，就是**法身**、**報身**、**化身**三種。**化身也叫應身**，佛到了要救度眾生，勸化眾生的時候，就化現這種身相，到各處世界上去，接引眾生。這三身的詳細解釋，在阿彌陀經和朝暮課誦卷首，兩種白話解釋裏都有的。）就有**三十二種相**，**八十種隨形好**。

佛各有不同的相，不同的好，像阿彌陀佛就有八萬四千種相，一種一種相，又各有八萬四千種隨形好。

如意珠王，涌出金色，微妙光明。其光化為，百寶色鳥，和鳴哀雅，常讚念佛、念法、念僧。是為八功德水想，名第五觀。

解

鳴，就是鳥叫。

和鳴，是鳥的聲音很和善的意思。

哀雅，是聲音有些悲哀，又很雅致的意思。

這個**念**字，不是念誦意思，是想念的意思。

釋

從如意珠王裏，會湧出顏色像黃金，又微細、又奇妙的光明來。這種光，又會變成一種鳥。這種鳥的顏色，更加奇妙了，竟然是百種珍寶合成的顏色。這種鳥鳴的聲音，不但是又和善、又悲哀、又雅致，並且聲音裏，還常常稱讚想念佛、法、僧三寶的功德，使得聽到這種鳥聲的修行人，也自然都會生出記念佛、記念法、記念僧的心來。

大家想想看，西方極樂世界這樣的水，這樣的鳥，奇妙不奇妙呢？

前面第二觀想水，是因為要觀想地，先從冰觀想起。要觀想冰，又先從觀想水起，這是一步一步的向前進的方法。

現在第五觀，確實的要觀想水了。但是因為和第二觀，一樣是水觀，所以立一個八功德水的名稱，實在還是水想，不過改稱了八功德水想，就叫第五觀。

眾寶國土，一一界上，有五百億寶樓。其樓閣中，有無量諸天，作天伎樂。

解

伎字，和技字差不多，是一種伎藝。**天伎樂**，是天上一種很好聽的樂，都是天女在那裏吹彈。**作**字，就是吹的吹、彈的彈、敲的敲。

釋

有各種珍寶合成的國土，在東南西北四方的邊界上，（邊界，是極樂國土和別的國土分界的邊上。）都有五百億座珍寶合成的樓。在各座樓閣裏，有無數天上的天女，在那裏作天上的伎樂。

又有樂器，懸處虛空，如天寶幢，不鼓自鳴。此眾音中，皆說念佛、念法、念比丘僧。

解

幢竿上用如意寶珠裝飾著，（如意寶珠，就是摩尼珠。）所以稱**寶幢**。**天**是最高、最勝、最奇、最妙的。所以印度國的習慣，凡是最好的物品，都在名稱上加一個天字，像天衣、天香、天花、天樂等等都是。

這裏寶幢上面，加一個天字，也是稱讚這個寶幢特別好的意思。

釋

又有種種的樂器，懸在虛空裏像天寶幢那樣。沒有人去敲它、彈它，都會自然發出音聲來。

在發出的種種音聲裏，也像水一樣的，會演說想念佛、法、僧三寶的聲音。使聽到的修行人，都能夠隨順他們的根機，（譬如大乘根機的人，就聽到修大乘的種種法。小乘根機的人，就聽到修小乘的種種法。佛菩薩，是大乘。緣覺、聲聞，是小乘。）得到無窮無盡的利益。

此想成已，名為麤見極樂世界寶樹、寶地、寶池。是為總觀想，名第六觀。

解

麤見，是看見極樂世界約略的景象，不是詳細的景象，是粗象。

總觀想，是極樂世界的樹呀！地呀！池呀！都大略觀想到了，所以說是總觀想。

釋

極樂世界的許多許多珍寶合成的樓閣，雖然觀想到了，但是只觀想到極樂世界的寶樹、寶地、寶池的約略景象。

這種觀想，可以說是總的觀想，還有許多許多明細的景象，還沒有觀想到，所以只能夠叫做麤（粗）見。這就叫第六觀。

若見此者，除無量億劫，極重惡業，命終之後，必生彼國。作是觀者，名為正觀。若他觀者，名為邪觀。

解

終，是完畫的意思。

命終，就是壽命完盡，死的時候。

若見到上面所說的寶樓閣、寶樹、寶地、寶池的修行人，可以滅除無量億劫極重的惡業。

釋

惡業是很不容易滅除的，何況重惡業？何況極重的惡業？一劫的年期，已經長久到不得了，何況億劫？何況無量數的億劫？觀想的力量，大到還可以說嗎？不但是可以滅除無量億劫的極重惡業，並且這個修行人，到了壽命完盡後，一定能夠生到極樂世界去哩！我們修行的大眾，若還不照佛所說的觀想法門，趕緊定心的修，怎麼對得住佛的大慈大悲心呢？

能夠照這樣的觀想法，才可以叫做正觀。若照了其他的觀想，就叫做邪觀，邪觀是萬萬不可以學的。

佛告阿難，及韋提希：諦聽！諦聽！善思念之。吾當為汝，分別解說，除苦惱法。汝等憶持，廣為大眾，分別解說。

解

善字，是好好的，切切實實的意思。

汝等，是你們的意思，就是指阿難和韋提希二人。

佛救度眾生的慈悲心，又深又切，前面所說種種觀想的境界形相，還只是粗略的。

釋

現在要說到微細的境界形相，那一定要心思安定，念頭沉靜，才能夠切實的觀想。所以佛又警切的囑咐阿難和韋提希，要他們切切實實的聽佛所講的佛法，連說兩聲諦聽，是切實又切實，警告又警告的意思。你們要好好的想，切切實實的念。

我現在把滅除苦惱的法門，一種一種分別解說給你們聽。你們一定要牢牢記住。向大眾分別解說，使所有各世界的眾生，都能夠聽明白，依佛所說的法門去修學。

這是佛的大慈悲心，要所有一切的眾生，都修這種觀想法門，將來都能夠生到極樂世界去。

說是語時，無量壽佛，住立空中。觀世音、大勢至、是二大士，侍立左右。光明熾盛，不可具見。百千閻浮檀金色，不得為比。

解

是語，是這些話，就是前面向阿難等說的話。
是二大士的是字，是這兩尊大士的意思，指觀世音、大勢至兩尊大士。
大士，是大菩薩的普通稱號。
熾盛，是像火那樣旺的意思。
具字，是完全的意思。

釋

佛說上面幾句話的時候，無量壽佛停住了，立在虛空中間。觀世音、大勢至兩尊大菩薩，陪侍了無量壽佛，觀世音菩薩立在佛的左邊，大勢至菩薩立在佛的右邊。

全身顯出來的光明，非常的亮，非常的旺，兩眼竟然睜不開來，無法完全看到。

這種光明，即使有數百數千閻浮檀金的顏色，也不能夠拿來相比。

阿彌陀經上說過的，阿彌陀佛的光明，本來是無量的，那麼當然什麼光，都比不上的了。

時韋提希，見無量壽佛已，接足作禮，白佛言：世尊！我今因佛力故，得見無量壽佛，及二菩薩。未來眾生，當云何觀，無量壽佛，及二菩薩？

解

已字，是已經的意思。

白佛言和**因佛力**故，兩個**佛**字，都是指釋迦牟尼佛。

釋

韋提希已經見到了無量壽佛，立刻向釋迦牟尼佛，用自己的頭臉，接住了佛的兩足，向佛行禮。並且向佛說道：世尊呀！我現在因為依靠佛力的緣故，能夠見到無量壽佛，和二大菩薩。

但是未來的眾生，也都願意見到無量壽佛，和二大菩薩，他們要用什麼方法，可以見得到呢？

佛告韋提希：欲觀彼佛者，當起想念，於七寶地上，作蓮華想。令其蓮華，一一葉上，作百寶色，有八萬四千脈，猶如天畫。一一脈有八萬四千光，了了分明，皆令得見。

解

彼佛，就是說無量壽佛。
脈，就是葉上的筋，像紋路那樣的。
天畫，是天上奇妙的畫，不是人世上所有的。

釋

佛告韋提希道：要看到無量壽佛的修行人，還是應該提起修觀想的法門，在極樂世界七寶合成的地上，提起觀想蓮花的念頭來。
使這種蓮花的一瓣一瓣葉上面，都變成百種珍寶的顏色。每瓣葉上有八萬四千條筋脈，像天上奇妙的畫一樣。

每一條筋脈上，都能夠發出八萬四千道光來，都是很清清楚楚，明明瞭瞭的。

像這樣種種的景象，都要使修行的人，完全能夠見到。

華葉小者，縱廣二百五十由旬。
如是蓮華，具有八萬四千葉。
一一葉間，有百億摩尼珠王，以為映飾。
一一摩尼珠，放千光明。
其光如蓋，七寶合成，徧覆地上。

解

蓋，像傘一樣，張在佛頂上的虛空，以防有灰塵、沙泥，吹到佛身上。

釋

小的蓮花葉，長寬都有二百五十由旬那麼大。（一由旬四十里，二百五十由旬，竟有一萬里路那麼大。小的蓮花葉，已經這樣的大。那麼大的蓮花，還得了嗎？極樂世界的景象，怎麼不嚇壞我們這些心量小，眼光淺的凡夫呢？）

像這樣大的蓮花，每一株上，都有八萬四千瓣大葉。在一瓣一瓣葉的中間，都有一百億顆摩尼寶珠，（摩尼珠，是各種珠裏最好的珠，所以稱珠王。）映照著蓮花，裝飾著蓮花。一顆一顆摩尼寶珠，各個放出一千道的光明來。這種光，像佛頂上的寶蓋一樣，也是七寶合成的，周遍的遮蓋在地上的蓮花上面。

釋迦毗楞伽寶，以為其臺。此蓮華臺，八萬金剛、甄叔迦寶、梵摩尼寶、妙真珠網，以為校飾。

解

釋迦毗楞伽寶，就是前邊有過的釋迦毗楞伽珠。

臺，就是蓮花的座子。

甄叔迦寶，是梵語，翻譯成中文，叫赤色寶。因為這種寶，和甄叔迦樹的花，一樣是赤顏色的，所以就叫甄叔迦寶，有些像赤琉璃，形狀像人的手。加**金剛**兩個字，是格外好的意思。

梵字，本來是清淨的意思。因為摩尼寶珠，是很潔淨的，沒有一些垢穢的，所以叫摩尼寶。

釋 用釋迦毗楞伽寶做蓮花的座台。

這種蓮花的座子，有八萬金剛、八萬甄叔伽寶、八萬梵摩尼寶、和很奇妙的真珠結成的珠網，做蓮花臺座子的裝飾品。（飾字上面的一個校字，查慧琳音義上，是一個紋字，也是裝飾的意思。慧琳音義，是一部講佛法的書名。）

於其臺上，自然而有四柱寶幢。一一寶幢，如百千萬億須彌山。幢上寶幔，如夜摩天宮。復有五百億微妙寶珠，以為映飾。

解

幔，就是幕，像現在戲臺上所用的幕一樣。

我們頭頂上的忉利天是第二層天，再上去一層，就是**夜摩天**。

釋

在這個蓮花臺上，自然而然在四角上有四支像臺柱那樣的寶幢。一支一支的寶幢，像百千萬億須彌山那樣的高大。

寶幢上面，還有七寶合成的幔，莊嚴燦爛，像夜摩天上的天宮一樣的，時時刻刻感受到種種的快樂。

還有五百億精巧奇妙的寶珠，映照在蓮花臺上，做為蓮花臺的裝飾品。

一一寶珠，有八萬四千光。
一一光，作八萬四千異種金色。
一一金色，徧其寶土，處處變化，各作異相。

解

異種，不是平常的種類，是特別的種類。
異相，不是平常的形相，是特別的形相。

釋

一顆一顆的寶珠，各個有八萬四千道的光。
一道一道的光，各個現出八萬四千特別種類的金色來。
一種一種的金色，都普遍的照在極樂世界裏各種珍寶的國土上。凡是光照到的地方，到處變化成種種特別的形相。

或為金剛臺，或作真珠網，或作雜華雲，於十方面，隨意變現，施作佛事。是為華座想，名第七觀。

解

雜華，是各種花都有，不只是一種花的意思。
華座，是各種珍寶的花，裝飾成無量壽佛所坐的寶座。

釋

上面所說變化成各種特別奇異的形相，變成了什麼呢？或是變成了金剛造成的臺、或是變成了真珠結成的網、或是變成了各樣各色的花，多到像天上的雲。在極樂世界的十方，隨意變現出種種的佛事來，施給眾生。眾生是怎樣的根機，就變現怎樣的佛事，使眾生都能夠得到佛法的利益。這就是第一波羅蜜的法施，所以叫**施**。

這種觀想，就是華座想，叫第七觀。

佛告阿難：如此妙華，是本法藏比丘，願力所成。

解

法藏，是無量壽佛在做比丘修行時候的法名。

釋

上面佛說的一大篇話，都是向阿難和韋提希說的。從這裏起，又專門囑咐阿難的話了。無量壽佛在出家做比丘修因的時候，（修因，就是修成佛的因。修了成佛的因，才能夠結成佛的果。）名叫法藏，在世自在王佛面前，發過四十八個大願。（四十八個大願，在無量壽經裏，很長很長的，這裏不能夠講了。我把這部觀無量壽佛經解釋完了，就要用白話來解釋無量壽經了。）四十八個大願裏，有一個大願，是要修成一個清淨莊嚴，只有樂、沒有苦的世界，若修不成這種世界，就不願成佛。

因為無量壽佛發過這樣的大願。現在無量壽佛已經修成佛了，極樂世界也在西方顯現了。所以說韋提希所觀想到的這種奇妙的蓮花，是無量壽佛在做法藏比丘的時候，發了大願的力量，所莊嚴而成的。

若欲念彼佛者，當先作此華座想。作此想時，不得雜觀。皆應一一觀之、一一葉、一一珠、一一光、一一臺、一一幢，皆令分明，如於鏡中，自見面像。

解

念彼的**念**字，是觀看、想念的意思。

彼佛，就是說佛。

雜觀，是一面在觀想，一面夾雜其他雜念在心。

釋

若是觀想無量壽佛的修行人，應該先要照上面所說種種觀想華座的法門，去切切實實的觀想。

在觀想華座的時候，一定要專心的觀想，不可以夾雜別種亂念頭進去的。倘有了一點點不小心、不謹慎，這個觀想，就不成功了。

在觀想到所有顯現出來的景象時，都要一一詳細的觀想，一瓣一瓣的花葉，一顆一顆的真珠，一道一道的光明，一座一座的花臺，一支一支的寶幢，都要依先後的次序，一種一種的觀想過去。要觀想到清清楚楚，明明白白，沒有一點的模糊。

像在明亮的鏡子裏，自己照到自己的臉相那樣，才算觀想成功。

此想成者，滅除五萬億劫，生死之罪，必定當生，極樂世界。作是觀者，名為正觀。若他觀者，名為邪觀。

解

此想，是指上一節的觀想華座。

一億，照最小的說法，是十萬。五萬億，就是五十萬萬。

釋

還沒了脫生死的眾生，永遠在六道裏輪迴。這一世生在這一道，下一世又生到那一道去了。在那一道死了，又生到別的道去了。像這樣的生了又死，死了又生，生的苦，死的苦，永遠受下去，沒有停歇的時候。

現在華座的觀想成功了，就可以滅除五萬億劫，長時期所造的生生死死的罪，滅除五萬億劫生生死死的苦了。罪滅了，福就生了。塵垢去了，光明就生出來了。這個修行人，就一定可以生到極樂世界去了。

因為這是一定的道理，一定的因果，（因果的「因」字，本來是種子的意思。因果兩個字，是種了什麼因，就結什麼果的意思。現在修各種的觀想法，就是種往生極樂世界的因。華座的觀想修成了，就是種了往生極樂世界的因。那就一定能夠往生極樂世界了，所以說是一定的道理，一定的因果。）不可以疑惑，所以說是一定。

修行人能夠照這樣的觀想，才叫正觀。若有別種的觀想，就叫邪觀。

前面第三觀說觀地成了，除八十億劫生死的罪。現在說第七觀成了，就可以滅除五萬億劫生死的罪，竟然加了六百多倍，那是功夫深了，功德厚了的緣故。

佛告阿難，及韋提希：見此事已，次當想佛。所以者何？諸佛如來，是法界身，徧入一切，眾生心想中。是故，汝等心想佛時，是心即是三十二相、八十隨形好。是心作佛，是心是佛。諸佛正徧知海，從心想生。

解

此事兩個字，是說前面華座的種種景象。

法界身，就是佛三身裏的法身。在佛經裏，不論什麼事情，不論什麼東西，只要有名稱可以叫，就都可以稱做法。所以佛的身，就可以稱做法身。

所有一切的法，各有各的本體，但是分界又各個不相同，（分界，是各種界限的意思。）所以叫做法界。又眾生的心，能夠生世間、出世間一切法來的，（世間，是眾生的世界。出世間，是佛菩薩的世界。）所以眾生的心法，可以叫**法界**。

從法界心生出萬法的佛身，也就可以稱法界身。

隨形好，是把三十二相，細細分別起來，還有八十種的好，都是跟隨了三十二種的好形相現出來的，所以叫隨形。

釋

佛又囑咐阿難和韋提希道：修行人已經觀想到了華座，就應該觀想佛的身相了。

為什麼要觀想佛的身相呢？

因為諸佛都是法界身，就都在眾生的心想裏的。所以你們心想佛的時候，你們的心就和佛一樣的，有三十二種好相的。

（三十二相：

一、是**安平相**：足底下沒有凹下去的地方。

二、是**千輻輪相**：足底下有一千輻像輪盤那樣的形相。

三、是**手指纖長相**：手指又細又長。

四、是**手足柔軟相**：手和足，都是軟的，不硬的。

五、是**手足縵網相**：手足的指和指的中間，有紋路連絡起來，像網那種樣的。

六、是**足跟滿足相**：足跟圓滿，沒有凹下去的地方。

七、是**足趺高好相**：趺是足背，足背高起圓滿。

八、是**腨如鹿王相**：腨，是股上的肉圓滿，像鹿王的股肉。

九、是**手過膝相**：兩手長過膝蓋。

十、是**佛的男根**：縮在身體裏，像馬那樣的。

十一、是**身縱廣相**：就是身體的高，和伸直兩臂的長，一樣的。

十二、是**毛孔生青色相**：一根一根毛的孔裏，都生一根青色的毛，齊整不雜亂的。

十三、是**身毛上靡相**：靡字，是倒下伏下的意思，身上汗毛，都是靠右邊伏倒的。

十四、是**身體完全是金色的**。

十五、是**常光一丈相**：身上放出光來，四面都是一丈。

十六、是**皮膚又細、又軟、又滑**。

十七、是**七處平滿相**：兩足下、兩手掌、兩肩和頭頂上，都是又平又滿，沒有低陷下去的。

十八、是**兩腋滿相**：腋是兩肩的底下，都滿的。

十九、是**身如獅子相**：身體平正，威儀嚴肅，像獅子王那樣的。

二十、是**身端直相**：身形端正，不傴曲。

二十一、是**肩圓滿相**：兩肩圓滿，不高聳，也不塌下。

二十二、是**四十齒相**：牙齒有四十個。我們凡夫，最多不過三十六個。

二十三、是**齒色潔白**，清淨齊整，堅牢緊密。

二十四、是**四牙白淨相**：有四顆牙，特別的白，特別的大。

二十五、是**頰平如獅子相**：頰，就是面頰。兩頰高滿，像獅子的面頰。

二十六、是**咽中津液得上味相**：咽喉中間，常常不斷的生出津液來，吃下去的東西，可以生出上等的味來。

二十七、是**廣長舌相**：舌，又闊又長，又細薄，又柔軟，伸開來可以蓋到頭髮邊。

二十八、是**梵音深遠相**：聲音清淨，並且遠地方也能夠聽到。

二十九、是**眼色如紺青相**：紺青，是青色裏帶點紅色，兩眼的顏色，是又紅又青的，清淨明亮得很，並且很大的。

三十、是**眼睫如牛王相**：眼睫，就是眼毛特別的好，像牛王的眼毛那樣。

三十一、是**眉間白毫相**：兩眉中間，有一根白毛，向右邊旋轉，像有五座須彌山那麼大，常常放出光來。

三十二、是**頂成肉髻相**：頭頂上有肉高起來，像髮髻那樣。）

還有**八十**種跟**隨**了三十二種好**形**相來的**好**。

（八十種隨形好：

一、**無見頂相**。

二、**鼻高不現孔**。

三、**眉如初月**。

四、**耳輪垂埵**。

五、**身堅實如那羅延**。

六、骨際如鉤鎖。
七、身一時迴旋如象王。
八、行時足去地四寸而現印丈。
九、爪如赤銅色，薄而潤澤。
十、膝骨堅而圓好。
十一、身清潔。
十二、身柔軟。
十三、身不曲。
十四、指圓而纖細。
十五、指紋藏覆。
十六、脈深不現。
十七、足踝不現。
十八、身潤澤。
十九、身自持不逶迤。

二十、身滿足。

二十一、容儀備足。

二十二、容儀滿足。

二十三、住處安無能動者。

二十四、威振一切。

二十五、一切衆生，見之而樂。

二十六、面不長大。

二十七、正容貌而色不撓。

二十八、面具滿足。

二十九、脣如頻婆果之色。

三十、言音深遠。

三十一、臍深而圓好。

三十二、毛右旋。

三十三、毛足滿足。

三十四、手足如意。
三十五、手文明直。
三十六、毛文很長。
三十七、手文不斷。
三十八、一切惡心之眾生，見者和悅。
三十九、面廣而殊好。
四十、面清淨如月。
四十一、隨眾生之意，和悅與語，同他們說話。
四十二、從身上各處的毛孔裏頭，發出香氣來。
四十三、從口裏發出香氣來。
四十四、儀容如獅子。
四十五、進步如象王。
四十六、行相如鵝王。
四十七、頭如摩陀那果。

四十八、一切的聲分具足。
四十九、牙白利。
五十、舌色赤。
五十一、舌薄。
五十二、毛紅色。
五十三、毛軟淨。
五十四、眼廣長。
五十五、死門之相具。
五十六、手足赤白，如蓮花之色。
五十七、臍不出。
五十八、腹不現。
五十九、細腹。
六十、身不傾動。
六十一、身持重。

六十二、其身大。
六十三、身長。
六十四、手足軟淨滑澤。
六十五、四邊之光長一丈。
六十六、光照體而行。
六十七、等視衆生。
六十八、不輕衆生。
六十九、隨衆生之音聲，不增不減。
七十、說法不著。
七十一、隨衆生之語言而說法。
七十二、發音應衆生。
七十三、次第以因緣說法。
七十四、一切衆生，觀相不能盡。
七十五、觀不厭足。

七十六、**髮長好**。

七十七、**髮不亂**。

七十八、**髮旋好**。

七十九、**髮色如青珠**。

八十、**手足為有德之相**。

這八十種隨形好，若是再加解釋，實在太複雜了，並且也沒有什麼大關係。所以只把八十種名稱提出來，大家曉得就可以了。若是一定要曉得明白，可以請一部佛學大辭典來查閱。）

你們的心，常常不斷的想念佛，你們的心，就是佛的心了。

不偏不邪，叫**正**。

沒有缺少遺漏，叫**徧**。

知字，就是覺悟的意思。

佛的說法，沒有一點偏邪，所以稱做**正**。

佛的智慧，可以周遍到各處去，所以稱做**徧**。

迷惑完全破除，煩惱完全清淨，所以稱做**覺**。

佛的正、徧、覺三種，都很深切廣大，所以用一個**海**字來比喻。

像上面所說的種種，都是從一心想念佛，才能夠生出來的。

是故，應當一心繫念，諦觀彼佛，多陀阿伽度、阿羅訶、三藐三佛陀。

解 多陀阿伽度、阿羅訶、三藐三佛陀、都是梵語。翻譯成中文，**多陀阿伽度**是如來，**阿羅訶**是應供，意思就是應該受一切眾生的供養，**三藐三佛陀**，是正徧知。這三種，都是佛十種德號裏的三種德號。

釋 因為上面所說的種種，都可以像佛一樣，完全是從心裏觀想了，才生出來的。所以應該要一心一意的記住佛，想念佛，切切實實的觀想無量壽佛。能夠一心的觀想，就可以觀想到三種德號的佛了。（這種道理很深，不容易用白話來講明白，講得不詳細，就不會明白。要使看這本白話解釋的男女居士們，都能夠明白，也不是十句八句話，就能夠講明白。

在心經白話解釋裏，「觀自在菩薩」一句底下，因為要明白這個觀字，所以詳詳細細，講了一大篇一境三諦、一心三觀的道理。可以請一本來看看，就可以明白了。

因為這裏的觀想無量壽佛，就連帶觀想到了如來、應供、正偏知，這就是一**心三觀**的道理。

把一心三觀的道理，用心研究明白了，那諦觀彼佛多陀阿伽度、阿羅訶、三藐三佛陀的道理，也就可以通曉了。）

想彼佛者，先當想像。閉目開目，見一寶像，如閻浮檀金色，坐彼華上。

解

彼佛，就是無量壽佛。

彼華上，是指極樂世界的蓮花上面。

釋

觀想無量壽佛的修行人，起先應該想佛的像。不論閉眼，或是張眼，都見到一尊珍寶造成的佛像。佛像的全身，都像閻浮檀金的顏色，這一尊佛像坐在極樂世界，七寶池裏的寶蓮花上面。

像既坐已，心眼得開，了了分明，見極樂國，七寶莊嚴。寶地、寶池、寶樹行列，諸天寶幔，彌覆其上，眾寶羅網，滿虛空中。見如此事，極令明了，如觀掌中。

解

彌字，是遮滿的意思。
羅，和網差不多的。
掌，是手心。

釋

已經看到了佛像坐在那裏，心也開了，眼也開了。清清楚楚，明明白白的，見到極樂世界的地上，完全是七種珍寶，莊嚴而成的。
七寶的地、七寶的池、七寶的樹、都一行一行排列得整整齊齊。許多許多像天上那樣好的珍寶合成的帳幔，都遮蓋在寶地、寶池、寶樹上面。

各種珍寶結成的羅網，像金羅網下面掛銀鈴，琉璃羅網下面掛瑪瑙鈴，赤珠羅網下面掛水晶鈴，硨磲羅網下面掛金鈴，各式各樣，好看得不得了。這麼多的珍寶羅網，充滿在虛空中間。

觀想這樣的種種奇妙景象，一定要看得很明白，很清楚，就像在自己的手掌中一樣。

見此事已，復當更作，一大蓮華，在佛左邊，如前蓮華，等無有異。復作一大蓮華，在佛右邊。想一觀世音菩薩像，坐左華座，亦作金色，如前無異。想一大勢至菩薩像，坐右華座。

解

這裏的**此事**，是指上面所說，觀一寶像的種種景象。**等**字，是一樣的意思。

釋

已經觀想到了無量壽佛的寶像在蓮花上面，和極樂世界的種種珍寶，莊嚴而成的種種奇妙景象，都很明白清楚了。

應該再觀想成一朵很大的蓮花，在佛的左邊，與佛所坐的那朵大蓮花完全一樣，沒有一點不同。

再要觀想成一朵大蓮花，在佛的右邊。

又觀想一尊觀世音菩薩的像，坐在左邊的花座裏，也是閻浮檀金一樣的顏色，和佛完全相同，沒有一點點不一樣。

再觀想一尊大勢至菩薩的像，坐在右邊花座裏。

此想成時，佛菩薩像，皆放妙光。
其光金色，照諸寶樹。
一一樹下，亦有三蓮華。
諸蓮華上，各有一佛二菩薩像，徧滿彼國。

解

佛，是無量壽佛。

菩薩，是觀世音、大勢至兩大菩薩。

釋

觀想無量壽佛、觀世音菩薩、大勢至菩薩的像，都觀想成了，就可以見到佛和二尊菩薩的像，都放出光明來。

這種光，都是金色的照在許多寶樹上面。

在一株一株的寶樹下面，也各個有三朵大蓮花。

一朵一朵的大蓮花上面，也各有一尊佛、兩尊菩薩的像。這樣的一佛二菩薩像，和寶蓮花，多到無量無邊，周遍佈滿在極樂世界。

此想成時，行者當聞，流水光明，及諸寶樹、鳧、雁、鴛鴦，皆說妙法。出定入定，恆聞妙法。

解

行者，就是修行的人。

鳧的形狀，像鴨，（大家叫慣的野鴨，就是鳧。）但是比鴨小。

雁的形狀，像鵝。

鴛鴦，雄的叫鴛，雌的叫鴦。

這三種鳥，都是喜歡近水的。

定，就是修禪定。

入定，是把這個心定住了，一點點念頭都不轉。身業、口業、意業完全停止，叫入定。

不入定了，就叫**出定**。這是參禪的修行人所做的功夫。

恆字，是常常的意思。

釋

修行人已經把各處大蓮花裏，一佛二菩薩的像，觀想成了。應該能聽到寶池裏水的聲音了。這種水流起來，都有光明現出來，還有許多寶樹，和寶池裏的鳧、雁、鴛鴦、各種鳥，都能夠演說種種最勝、最妙的佛法。

大家想想看，極樂世界的樹和鳥，都能夠演講佛法，稀奇不稀奇呢？還有什麼世界能夠聽到這樣的奇妙事情呢？

有人疑惑，極樂世界沒有三惡道的，那裏來的鳥呢？

要曉得這種鳥，並不是墮落到惡道的鳥，這是佛特地變化出來，幫助佛宣揚佛法，來化導往生的人。像阿彌陀經上，也說「彼國常有種種奇妙雜色之鳥」一樣，是幫助佛演說佛法，勸化往生的人。

修行的法門多得很，修禪是各種修行法門裏的一種。把這個心定住了，所有一切的念頭完全停止，差不多像已經死了那種樣子。

專門用定的苦功叫入定。在入定的時候，可以不飲、不食、不睡、不大小便的。出定，是暫時停止入定，就和平常人一樣了。

修行人不但在入定的時候，能夠聽到寶樹、鳧、雁、鴛鴦所說的妙法。即使在出定的時候，也常常能夠聽到妙法的，所以叫**恆聞**。恆字，就是常常的意思。

行者所聞，出定之時，憶持不捨，令與修多羅合。若不合者，名為妄想。若與合者，名為麤想見極樂世界。是為像想，名第八觀。

解

憶字，是記得的意思。

憶持，是記住了，不忘掉的意思。

修多羅是梵語，翻譯成中文，是契經兩個字。

契字，是合的意思。有兩種說法，一種是合一切法的義理，一種是合一切眾生的根機。

經字，也有兩種說法，一種是貫穿一切法。（貫字，和穿字一樣的意思。因為如果沒有貫穿的經典，恐怕一切法，就都要散失了。）一種是攝持一切法。

（攝字，是收取的意思。持字，是記住的意思。因為如果沒有攝持的經典，恐怕一切法，就都要隱滅了。）

合字，是符合的意思，就是一樣的意思。

釋 修行人在入定的時候，所聽到的種種妙法，當然能夠記得的。但是在出定的時候，所聽到的，也要能夠記住，不讓它忘掉。並且還要把所聽到的妙法，能夠和經典相合，沒有一點點不一樣。

若和經典有不一樣的地方，就叫**妄想**。（妄想，是虛假的，不是真實的念頭。）

若和經典一樣的，就叫粗略觀想到了極樂世界。

這就是佛像的觀想，叫第八觀。

作是觀者，除無量億劫，生死之罪。於現身中，得念佛三昧。

解

現身，是現在這一世的身體，就是在現在這一世。

三昧，是梵語，翻譯成中文，是心定不亂的意思。

釋

能夠觀想到像上面所說種種的景象，就能夠滅除無量億劫那麼長，生生死死的罪業。

並且就在現在這一世上，能夠得到念佛三昧，能夠滅除種種煩惱，也就能夠觀想到佛像了。

佛告阿難，及韋提希：

此想成已，次當更觀，無量壽佛，身相光明。

阿難當知！無量壽佛，

身如百千萬億，夜摩天閻浮檀金色，

佛身高六十萬億，那由他恆河沙由旬。

解

那由他是一個極大的數目。以我們現在的數目而言，有人說是十萬、有人說是百萬、千萬。其實說不出一個準確的數目，說十萬的，應該是說得太小了。

釋

佛又囑咐阿難和韋提希道：

觀想一佛二菩薩的像，已經觀想成了，就應該再觀想無量壽佛身相的光明了。

阿難呀！你應該要知道無量壽佛的身相，像百千萬億夜摩天上的閻浮檀金的顏色。佛身體的高，有六十萬億那由他恆河沙由旬。（查先師諦閑法老師所著觀經疏鈔演義裏說：

凡夫身長七尺，眼長一寸多一點。

現在說佛眼像四大海，就照一大海是八萬四千由旬算，四大海應該是三十三萬六千由旬。

現在說佛身高六十萬億那由他恆河沙由旬，拿身的數字來比眼的數字，身長超過了眼五、六十億倍之多。

照身體和眼比起來，最多算一萬倍，也不過是六十萬億那由他由旬，一定不會相差到六十萬億那由他恆河沙由旬之多，所以疑惑這恆河沙三個字，或許是翻譯這部經的時候譯錯了。）

眉間白毫，右旋宛轉，如五須彌山。
佛眼清淨，如四大海水，青白分明。
身諸毛孔，演出光明，如須彌山。

解

宛轉兩個字，是說眉間的一根白毫，向右邊旋轉的樣子。

孔字，就是小的洞眼。

演字，是變化的意思。

釋

阿彌陀佛兩眉中間的一根毫毛是雪白的，叫白毫。它是八角中空的，有很大的光明。現在塑的阿彌陀佛像的額上嵌一顆珠子，是顯示這根白毫的地位。這一根毫毛向右邊旋轉，盤在兩眉中間，有五座須彌山那樣大。

佛的兩眼，像四座大海的水，青是青、白是白，分明的不得了的。

身上四邊各處的毛孔裏，會變化出光明來，像須彌山那樣的大。

彼佛圓光，如百億三千大千世界。於圓光中，有百萬億那由他恆河沙化佛。一一化佛，亦有眾多無數化菩薩，以為侍者。

解

圓光，是從佛菩薩頭頂上放出，像車輪那樣圓的光。

化佛、**化菩薩**，都是佛菩薩用神通變化出來的。

侍者，是侍候的菩薩。

釋

無量壽佛頭頂上的圓光，像百億個三千大千世界那麼的大。在這種圓光中間，有百萬億那由他恆河沙化佛。一尊一尊化佛的左右兩邊，也各個化成許多的觀世音菩薩，和許多的大勢至菩薩，侍候在無量壽佛的兩傍。

無量壽佛，有八萬四千相。
一一相中，各有八萬四千隨形好。
一一好中，復有八萬四千光明。
一一光明，徧照十方世界，念佛眾生，攝取不捨。

解

不捨，是不放棄的意思。

釋

無量壽佛，有八萬四千種的好相。
一種一種的好相裏，又各有八萬四千種的隨形好。
一種一種的隨形好裏，又各有八萬四千道的光明。
一道一道的光明，周遍照到十方世界的念佛眾生。
阿彌陀佛都要接引他們，不肯放棄他們的。

其光相好，及與化佛，不可具說。但當憶想，令心眼見。見此事者，即見十方，一切諸佛。以見諸佛故，名念佛三昧。

解

心眼，是心裏的眼，不是臉上的眼。心裏的眼，實在就是心裏的光。（心裏的光，本來各個人都有的，因為被虛假的亂念頭遮蓋住了，所以心就發不出光來了，只要心思清淨鎮定，心光就會發出來。）

修觀想全靠這個心光，才能夠修成，萬萬不可以不注意。

三昧，是梵語，翻譯成中文，是正定兩個字。正，是不偏不邪。定，是不散不亂。

釋 無量壽佛八萬四千種的光明、八萬四千種的相好、八萬四千種的隨形好、無數的化佛、無數的化菩薩、這樣種種特別的景象，很多很多不能夠說完全了。只能一心一意的觀想。

觀想時要達到肉眼能夠見到，心眼也能夠見到。

那就是十方一切諸佛，都見到了。

能夠見到了十方諸佛，那是觀想的功夫深了，這個心能夠不偏不邪，不散不亂，就可以稱為念佛三昧了。

作是觀者，名觀一切佛身。以觀佛身故，亦見佛心。佛心者，大慈悲是。以無緣慈，攝諸眾生。

解 **無緣慈**，也可以說無緣慈悲。（慈字，是把樂施給人的意思。悲字，是拔去別人的苦的意思。）佛看眾生是一律平等，一律都要救度，沒有分別的。所以沒有對這個眾生有緣，就要救度，對那個眾生，沒有緣，就不要救度。佛的心最慈悲，所有的一切眾生，都要使他們受到拔去苦、得到樂的利益。所以叫無緣慈，也可以叫**無緣慈悲**。

釋 能夠照這樣的觀想，就叫觀想到了一切佛身。因為觀想到了一切佛身，也就可以見到一切佛的心了。佛身本來是從佛心顯現出來的，修行人已經見到了佛身，所以佛就使他們也見到佛的心。

佛的心是什麼呢？就是大慈悲心。
佛就用了無緣慈悲的心，來普遍的攝引一切眾生。

作此觀者，捨身他世，生諸佛前，得無生法忍。是故智者，應當繫心，諦觀無量壽佛。

解

捨身是把這個身體捨棄了。

繫字，是縛住的意思。

繫心，是縛住這個心，不讓他散到別處去。

釋

能夠觀想到佛身，還能夠觀想到佛心，是觀想已經有點功夫了。要求見佛的願心，也已經發得很大了。等到在這一世，捨棄了這個身體到下一世，就可以生在諸佛的面前，就能夠得到不生不滅的地位，安住不動心了。

所以有智慧的修行人，應該把這個心，完全著牢在觀想上面，切實清楚的觀想無量壽佛。

觀無量壽佛者，從一相好入。
但觀眉間白毫，極令明了。
見眉間白毫相者，八萬四千相好，自然當現。
見無量壽佛者，即見十方，無量諸佛。
得見無量諸佛故，諸佛現前授記。
是為偏觀一切色身相，名第九觀。
作是觀者，名為正觀。若他觀者，名為邪觀。

解

授記，是菩薩修行的功夫，已經差不多圓滿了，佛就在了大眾的面前，記他成佛後的名號，成佛後到那一個國土去做教主，勸化眾生、救度眾生。

釋 要切實清楚的觀想無量壽佛，應該怎樣的觀想呢？應該在佛的八萬四千種相，八萬四千種好裏面，各揀選一種相、一種好，觀想進去。

只要觀想佛兩眉中間的白毫，能夠觀想到極明白極清楚，那佛的八萬四千種的相，八萬四千種的好，自然會顯現出來了。

能夠見到無量壽佛，就能夠見到十方無量數的佛了。

因為能見到無數的佛，無數的佛就顯現在這個修行人的面前，為他記成佛的名號，記做教主的國土。

像這樣的觀想，就是普遍見到一切佛的色、身、相，叫第九觀。

照這樣的觀想法，叫正觀。若是別種觀想法，就叫邪觀。

佛告阿難，及韋提希：見無量壽佛，了了分明已，次亦應觀，觀世音菩薩。此菩薩身長八十萬億那由他由旬，身紫金色、頂有肉髻、項有圓光，面各百千由旬。

解

肉髻，是頭頂上一個肉團，像把頭髮盤成髻的樣子。

面字，是四面的意思。

釋

佛又囑咐阿難和韋提希道，已經見到了無量壽佛的種種相、種種好，都覺得很清楚、很明白了，隨後應該要觀想觀世音菩薩了。

這一尊菩薩的身體，長到八十萬億那由他由旬，（先師諦閑老法師，所著的「觀經疏鈔演義」一裏說：無量壽佛的身相，只有六十萬億，觀世音菩薩的身相，那裏會反比佛身更長呢？所以八十萬億，應該是十八萬億，恐怕是刻經板的人刻錯的。）身體是紫金的，頭頂上有一個肉髻，頸項裏有圓形的光，四面都能夠照到百千由旬的遠。

其圓光中，有五百化佛，如釋迦牟尼。
一一化佛，有五百化菩薩、無量諸天，以為侍者。
舉身光中，五道眾生，一切色相，皆於中現。

解

舉身，是把身體投到光裏去的意思。

釋

在觀世音菩薩頂上的圓光中間，有五百尊化佛，都像釋迦牟尼佛。一尊一尊的化佛，各有五百尊的化菩薩，和無數的天帝做為化佛、化菩薩的侍奉。

修行人把自己的身體，投到化佛、化菩薩的光明裏去，所有地獄、餓鬼、畜生、人、天、五道眾生的一切顏色形相，都在觀世音菩薩的圓光裏現出來。

頂上毗楞伽摩尼寶，以為天冠。其天冠中，有一立化佛，高二十五由旬。

解

毗楞伽摩尼寶，就是釋伽毗楞伽寶。

冠，就是帽，冠字上加一天字，是稱讚冠的好。觀世音菩薩的頭頂上，有用毗楞伽摩尼寶，裝飾成只有天上有的，極妙的帽子。

釋

在這頂帽中間，有一尊立相的化佛，高有二十五由旬。

觀世音菩薩，面如閻浮檀金色。
眉間毫相，備七寶色，流出八萬四千種光明。
一一光明，有無量無數，百千化佛。
一一化佛，無數化菩薩，以為侍者，
變現自在，滿十方世界。

解

備七寶色的**備**字，是完備的意思。

釋

觀世音菩薩的臉，像閻浮檀金的顏色。
兩眉中間毫毛的形相，具有七種珍寶的顏色。在這根毫毛中流出八萬四千種的光明。

一種一種的光明裏，有無量無數百千化佛。（無量無數百千化佛，是形容很多很多的數目。）

一尊一尊的化佛，都有無數的化菩薩，做為他們的侍奉者。還會時時變化，變化起來，要變就變，自在得很。像這樣的奇妙景象，佈滿在十方世界裏，到處都有的。

臂如紅蓮華色，有八十億，微妙光明，以為瓔珞。其瓔珞中，普現一切，諸莊嚴事。

解

諸莊嚴事，是可以莊嚴觀世音菩薩臂膀的一切珍寶，一切光明。

釋

觀世音菩薩兩臂的顏色，是像紅蓮花一樣的。兩臂周圍，會發出八十億微細奇妙的光明，這種光明都變化成像瓔珞的樣子。

在瓔珞的中間，普遍現出可以莊嚴菩薩兩臂的一切珍寶，或是普遍現出可以莊嚴菩薩兩臂的一切光明。

手掌作五百億，雜蓮華色。
手十指端，一一指端，有八萬四千畫，猶如印文。
一一畫，有八萬四千色。
一一色，有八萬四千光。
其光柔輭，普照一切。以此寶手，接引眾生。

解

手掌，就是手心。
指端，就是手指尖。

釋

觀世音菩薩的手心，有五百億種蓮花的顏色，夾雜在一起、非常特別的顏色。
十只手指的指尖上，有八萬四千種的畫，像印好的紋樣似的。
一種一種的畫，有八萬四千種顏色。

一種一種的顏色中，發出八萬四千道光來的。

這種光照在人的身上覺得很溫和，不像現在的電燈光是火熱的，猛烈的。這八萬四千道光，普遍的照到所有的一切境界上。

觀世音菩薩用他的寶手，來接引眾生到極樂世界去。

舉足時，足下有千輻輪相，自然化成，五百億光明臺。下足時，有金剛摩尼華，布散一切，莫不彌滿。

解

輻字，是一個車輪。

千輻輪，就是一千個車輪。

釋

觀世音菩薩提起足來走路的時候，足底下有一千輻車輪的形相，印在地上。這種輪相，自然的變化成五百億座光明臺。

足放下去的時候，又有金剛寶摩尼珠，和各種的花，舖散在各處，沒有一處不遮蓋得滿滿的。

其餘身相，眾好具足，如佛無異。惟頂上肉髻，及無見頂相，不及世尊。是為觀觀世音菩薩，真實色身相，名第十觀。

解

色身，是有形狀顏色，可以看得見的身體，像我們凡夫的身體一樣。

釋

除了上面所說的各種身相，還有身上別的種種相，所有一切的好相，都像佛一樣完全具備的，沒有什麼不一樣的。只有頭頂上的肉髻，和只有佛獨有、一般見不到的頭頂，這兩種相不及佛那樣的好。

這是觀想觀世音菩薩真實的色相，就叫第十觀。

佛告阿難：若欲觀觀世音菩薩者，當作是觀。作是觀者，不遇諸禍，淨除業障，除無數劫生死之罪。如此菩薩，但聞其名，獲無量福，何況諦觀。

解

遇字，是碰到的意思。

業障，因為前生造了種種的惡業，所以這一世就受到種種障礙，不能夠自由自在的進到佛法裏去。

獲字，是得到的意思。

釋

佛又吩咐阿難道，若想要觀想觀世音菩薩的修行人，應該要照這樣的觀想。

照這樣觀想的修行人，就可以不碰到一切的禍害，可以把前生所造的業障，完全滅除得清清淨淨。不但是滅除前生一世的業障，並且還可以滅除無數劫的生生死死的罪哩！

像這樣心念慈悲，福德全備的菩薩，只要聽到他的名號，已經可以得到無量的福了。何況切切實實、明明瞭瞭的觀想到菩薩的身相呢！

若有欲觀觀世音菩薩者，先觀頂上肉髻，次觀天冠。其餘眾相，亦次第觀之。悉令明了，如觀掌中。作是觀者，名為正觀。若他觀者，名為邪觀。

解

這一段，是重說一遍觀想觀世音菩薩的先後次序。

釋

若有修行人，要觀想觀世音菩薩的種種相，應該先觀想觀世音菩薩頭頂上的肉髻，再觀想所戴的天冠。

其他的種種相，也應該依先後的次序，一種一種的觀想過去。都要觀想到明明白白、清清楚楚，有如觀世音菩薩的種種相、種種好，都在自己手心中間，這樣觀想起來就沒有一點不清楚的地方。

能夠照這樣的觀想，叫正觀。若是照別種的觀想，就叫邪觀。

次觀大勢至菩薩。
此菩薩身量大小，亦如觀世音。
圓光面各百二十五由旬，照二 五十由旬。
舉身光明，照十方國，作紫金色。
有緣眾生，皆悉得見。

解

身量，就是身體高矮的丈尺。

釋

觀世音菩薩已經都觀想圓滿了，再來應該要觀想大勢至菩薩了。

這尊大勢至菩薩身體的高矮大小，有如觀世音菩薩一樣的。

頭頂上面的圓光，四面各有一百二十五由旬，可以照到二百五十由旬遠。

全身的光明，可以照見十方國土，都變化成紫金色。
和佛道有緣的眾生，都見得到大勢至菩薩的種種相、種種光的。

但見此菩薩，一毛孔光，即見十方，無量諸佛，淨妙光明，是故號此菩薩，名無邊光。以智慧光，普照一切，令離三塗，得無上力。是故號此菩薩，名大勢至。

解

三塗，就是地獄、餓鬼、畜生三種惡道。

無上，是沒有比這種更加勝過的意思。

釋

只要見到這尊大菩薩一根毛孔的光，就可以見到十方無數諸佛清淨微妙的光明，所以這尊大菩薩的德號，稱做無邊光。意思就是這尊大菩薩身上的光，又多、又大，是無邊無際的。

大勢至菩薩常常用他的智慧光普遍照到一切眾生，使他們都能夠離開地獄、餓鬼、畜生、三種惡道，都得到佛最勝的大威力、大神力。

所以這尊菩薩的德號，就號大勢至。意思就是有大威神力的菩薩。

此菩薩天冠，有五百寶華。一一寶華，有五百寶臺。一一臺中，十方諸佛，淨妙國土，廣長之相，皆於中現。

解

廣長之相，是十方諸佛國土長、寬的形相。

釋

這一尊菩薩所戴的天冠上，裝飾了五百種珍寶合成的花。一朵一朵的寶花上面，各有五百座珍寶鑲嵌成的寶臺。一座一座寶臺中間，所有十方諸佛的清淨奇妙國土，廣闊的形相，都在這種寶臺裏顯現出來。

頂上肉髻，如鉢頭摩華。於肉髻上，有一寶瓶，盛諸光明，普現佛事。餘諸身相，如觀世音，等無有異。

解

頭摩華，是梵語，翻譯成中文，是赤色的蓮花。

盛字，是裝在裏面的意思。

佛事，是佛菩薩教化眾生的一切事情。

釋

大勢至菩薩頭頂上的肉髻，像一種印度產的赤蓮花。在肉髻上面，有一個珍寶的瓶，瓶裏裝滿了光明。在光明裏，普遍現出種種合佛道、合佛法的一切事情的景象。

大勢至菩薩還有其他許多的身相，都和觀世音菩薩一樣，沒有一點不一樣的。

此菩薩行時，十方世界，一切震動。當地動處，有五百億寶華。一一寶華，莊嚴高顯，如極樂世界。

解

高顯，是又高、又顯明的意思。

釋

這一尊菩薩走路的時候，十方世界所有的一切都會震動起來的。在各世界國土震動的地方，有五百億朵的寶花。一朵一朵的寶花，都是很莊嚴、很高大、很顯明、很美麗的，像極樂世界一樣。

此菩薩坐時，七寶國土，一時動搖。
從下方金光佛剎，乃至上方光明王佛剎，
於其中間，無量塵數，分身無量壽佛、
分身觀世音、大勢至，皆悉雲集，極樂國土。
畟塞空中，坐蓮華座，演說妙法，度苦眾生。

解

剎字，是梵語，沒有譯成中文。
佛剎兩個字的意思，就是佛土。
分身，就是化身。
畟字，讀做寄字音。
畟塞，就是周遍滿足的意思。

釋

這一尊菩薩坐的時候，七寶的國土，各處都同時，動搖起來了。

從下方最底下的金光佛剎起，一直上到上方，最上一層的光明王佛剎。在這兩層佛剎中間，有如無量數灰塵那麼多的分身無量壽佛、分身觀世音菩薩、分身大勢至菩薩，像雲那麼多的分身，一起聚集在極樂國土。

並且還遍滿在空中，坐在蓮花的臺座裏，演說最勝妙的佛法，救度苦惱的眾生。

作此觀者，名為觀見大勢至菩薩，是為觀大勢至色身相。觀此菩薩者，名第十一觀。除無數劫阿僧祇生死之罪。作是觀者，不處胞胎，常遊諸佛，淨妙國土。此觀成已，名為具足觀觀世音大勢至。

解

處胞胎，是生在母親的胞胎裏，又從母親的胞胎裏生下來。

釋

修這種的觀想，叫觀想到大勢至菩薩。就是看到大勢至菩薩的色身的形相。

觀想這尊大菩薩，叫第十一觀。可以滅除無數劫阿僧祇生了又死、死了又生的罪業。

能夠這樣的觀想，可以不受到在母親胞胎裏轉生的苦。並且可以常常到諸佛清淨奇妙的國土去遊行。

這種觀想成功了，就可以說是完全滿足觀想觀世音菩薩，和大勢至菩薩了。

見此事時，當起自心，生於西方極樂世界，於蓮華中，結跏趺坐，作蓮華合想、作蓮華開想。蓮華開時，有五百色光，來照身想。眼目開想，見佛菩薩，滿虛空中。

解

結字，是把兩足盤攏來，（足，就是腳。）好像把兩足打了一個結，所以稱結。

跏字，是把足加在腿上，所以在加字旁加一足字，其實是和加字的意思一樣。

趺，就是足骨。（結跏趺坐，在下面「釋」裏會詳細講明白。）

五百色光，就是五百種顏色的光。

釋 見到了上面第十一觀，所說的種種奇妙的景象時，自己的心就應該要發起，已經生到了西方極樂世界去了。身體在蓮花裏，學佛菩薩結跏趺坐法。

（先把右足扳起來，右足背壓在左邊大腿靠外的一面，再把左足扳起來，左足背壓在右邊大腿靠外的一面，叫左押右。又把兩手心都向上，把左手背壓在右手上邊，這種樣子叫**降魔坐**。

如果先把左足扳起來，左足背壓在右邊大腿靠外的一面，再把右足扳起來，右足背壓在左邊大腿靠外的一面，叫右押左，又把右手背壓在左手心上邊，這種樣子，叫**吉祥坐**。

從前釋迦牟尼佛，坐在菩提樹下修道的時候，就照這種吉祥坐的坐法。

降魔坐、吉祥坐，兩種都是**全跏坐**，就叫**結跏趺坐**。

還有簡便點的坐法，就是把右足背壓在左邊大腿靠外的一面，或是把左足背壓在右邊大腿靠外的一面，叫**半跏坐**。

全跏坐、半跏坐、都可以的，不過半跏坐應該要格外誠心恭敬一點的。年歲不很高，腿骨不很硬的修行人，還是應該學全跏坐較好。這種坐法最安穩，最能夠收攝妄想，魔見了就能夠生恐懼心。）

照這樣坐定，心思清淨了，應該要作一種觀想，好像自己所坐的蓮花，已經合攏來了。觀想到蓮花已經合攏來的時候，又要觀想到蓮花忽然開放了。

觀想到蓮花已經開放的時候，又要觀想蓮花裏，忽然現出五百種顏色的光明來，照在自己的身上。

再觀想自己的眼睛能夠睜開來，見到許多佛、許多菩薩，都排滿在虛空裏。

水鳥樹林，及與諸佛，所出音聲，皆演妙法，與十二部經合。

解

十二部經，是把所有的佛經，分做十二種類，叫十二部經。

第一、**修多羅**，修多羅是梵語，翻譯成中文，是契經兩個字。

第二、**祇夜**，就是重頌兩個字。

第三、**伽陀**，就是孤起頌。

第四、**尼陀那**，就是因緣。

第五、**伊底目多**，就是本事。

第六、**闍多伽**，就是本生。

第七、**阿毗達摩**，就是無比法。（無比法，是沒有可以比擬的意思。）

第八、**阿波陀那**，就是譬喻。

第九、**優婆提舍**，就是論議。

第十、**優陀挪**，就是自說。

第十一、**毗佛略**，就是方廣。

第十二、**利伽羅**，就是授記。（這裏只把梵文翻譯成中文的名稱提出來，要曉得中文名稱的意思，下面「釋」裏會解釋明白。）

釋 極樂世界的水鳥、樹林，都會發出音聲來的。並且所發出的音聲，和諸佛一樣的，也都會演講深妙的佛法。並且所演講的佛法，又和十二部經裏所講的道理完全符合的。

十二部經所分的種類。

第一、**契經**，是經典裏專門講意義的長行文。（長行是句子有長有短的，不像偈頌的句子，一定是三個字、四個字、或是五個字、七個字，一樣長短的句子的。偈頌到下面就會講明白的。）契字，是相合的意思。契經，是上合佛理，下合眾生機的意思。

第二、**應頌**，也可以叫**重頌**，（這個重字，讀做從字音，是已經有了長行的經文，再用像偈頌一樣的重複稱讚一遍。）是稱讚、歌頌的意思。和偈文一樣，都是一樣長短的句子。應頌、重頌、都是照前面長行的文，重新宣說一遍。

第三、**孤起頌**，不照前面長行文的意義，單獨發起的偈頌，所以叫孤起。（「孤」字，就是單獨的意思。）

第四、**因緣**，是經裏所說的，怎樣能夠見到佛，聽到佛說法的因緣，像各種佛經裏的序分，或是序品那樣的。

第五、**本事**，是佛說弟子過去世因緣的經文，像法華經裏的，藥王菩薩本事品。

第六、**本生**，是佛說自己過去世因緣的經文。

第七、**無比法**，（無比法，是梵語阿毗達磨，翻譯成中文，就是沒有比得上的意思。）是記佛顯現種種神通，種種事情，沒有人能夠比得上佛。

第八、**譬喻**，是所有的經文，都是說譬喻的文字。

第九、**論議**，是佛法的道理意義，大家問答的經文。

第十、**自說**，佛的說法，大部分都有人問了才說，這自說的一類，是沒有人問，佛自動說的。像阿彌陀經那樣的。

第十一、**方廣**，是說方正廣大的真實義理的經文。

第十二、**授記**，是為菩薩記成佛的名號。

這十二種經文，只有契經、重頌、孤起頌是經文的格式。還有九種都是依照了經文裏所記的實事，定各種名稱的。

若出定之時，憶持不失，見此事已，名見無量壽佛極樂世界。是為普觀想，名第十二觀。

解

在觀想的時候，一心在極樂世界種種景象上面，沒有一點散亂念頭，像入了定一樣，等到一切都觀想清楚，又像出了定一樣，所以叫**出定**。

若是到了出定的時候，還能夠牢記，不忘掉觀想時的那種景象，就可以算是成功了，名稱叫見到無量壽佛極樂世界。

釋

這是普遍的觀想到了，也就叫第十二觀。

無量壽佛，化身無數，與觀世音，及大勢至，常來至此行人之所。

解

行人，和行者一樣，是修行佛法的人。

釋

無量壽佛化了無數的身相，和觀世音菩薩、大勢至菩薩常常到這個修行觀想的人所住的地方來。

佛告阿難，及韋提希：若欲至心生西方者，先當觀於，一丈六像，在池水上。如先所說，無量壽佛，身量無邊，非是凡夫心力所及。

解

至心的**至**字，和極字一樣的意思。

至心，就是極誠心的意思。

釋

佛又囑咐阿難和韋提希道：若有人發極誠懇的心要生到西方極樂世界去，首先應當觀想無量壽佛一丈六尺的像，（佛一丈六尺的像，是佛通常化身像的身量。）在七寶池上面。

像前面所說無量壽佛無量無邊的身相，不是凡夫狹小的心量，所能夠觀想得到的，所以要先觀想一丈六尺的像。

然彼如來，宿願力故，有憶想者，必得成就。但想佛像，得無量福，況復觀佛，具足身相。

解

宿願，是前生或是前前生所發的願。

成就，就是成功。

釋

雖然凡夫的心力狹小，不能夠觀想無量無邊的身相，但是因為佛前生所發的願力強大的緣故，如果有修行人，記念觀想無量壽佛這樣高大的身量，也一定可以觀想成功。

只不過觀想佛像一丈六尺的像，已經可以得到無量無邊的福了，何況再觀想到佛完全滿足的身相呢！

阿彌陀佛，神通如意，於十方國，變現自在。或現大身，滿虛空中，或現小身，丈六八尺。所現之形，皆真金色。圓光化佛，及寶蓮華，如上所說。

解

神，是變化不測的意思。（不測，是揣想不到的意思。）

通，是自在無礙的意思。

如意，是事事可以稱我心的意思。

釋

阿彌陀佛的神通，有如意自在的力，要怎麼樣就可以怎麼樣，能夠到十方國土去變化顯現，自在得很。

或是顯現極大的身量，可以充滿在虛空裏。

或是顯現極小的身量，不過一丈六尺，或是八尺。

所現的形相，不論是大相，是小相，都是真金的顏色。
在佛頭頂上面圓光裏，所現的化佛和寶蓮花，都像上面所說的一樣。

觀世音菩薩，及大勢至，於一切處，身同眾生。但觀首相，知是觀世音，知是大勢至。此二菩薩，助阿彌陀佛，普化一切。是為雜想觀，名第十三觀。

解

雜想，是夾雜的觀想。

釋

觀世音菩薩和大勢至菩薩，到任何地方去，都變化成眾生一樣的身相。但是只要看兩尊菩薩頭部的形相，就和眾生不一樣了，也可以曉得哪一尊是觀世音菩薩，哪一尊是大勢至菩薩。

這二尊大菩薩都是幫助阿彌陀佛，普遍教化一切眾生的。

這一種觀想一佛二菩薩的形相，是不一樣的。有時候見到大相，有時候見到小相。有時候見到菩薩本來的身相，有時候變成眾生的身相。

所以稱做雜觀想，就叫第十三觀。

佛告阿難，及韋提希：凡生西方，有九品人。上品上生者，若有眾生，願生彼國者，發三種心，即便往生。何等為三？一者至誠心、二者深心、三者回向發願心。具三心者，必生彼國。

解

離開我們這個娑婆世界，叫**往**。生到阿彌陀佛西方極樂世界的蓮花裏，叫**生**。

深心，是求往生西方的心，很深切的，不是浮在表面上，忽然發發，忽然又停停的。

回向，是把所修的種種功德，完全歸向到往生西方的願心上去。（回向二個字，詳細講起來很複雜的，若是要曉得詳細，可以請一本朝暮課誦白話解釋，卷首佛法大意裏，有詳細解釋。）

釋

佛又囑咐阿難和韋提希道：生到極樂世界去的修行人，總共分做九品。（九品，是九等的意思。）

最高的第一品，叫上品上生，怎樣可以得到上品上生呢？要曉得，若有眾生願意到極樂世界去，只要發三種願心就可以往生了。

第一、要發極誠懇真實、求往生的心。

第二、要發很深切不變更、求往生的心。

第三、要發把所修種種的功德、完全回向到求往生的心。

能夠完全發這三種願心，一定能夠生到極樂世界去了。

復有三種眾生，當得往生。何等為三？一者、慈心不殺，具諸戒行。二者、讀誦大乘方等經典。三者、修行六念，回向發願，願生彼國。具此功德，一日乃至七日，即得往生。

解

戒行就是守各種戒的功夫。

修佛道、菩薩道，求成佛、成菩薩，發普遍化度一切眾生的大願心，叫**大乘**。像緣覺、聲聞，只顧了脫自己的生死，叫小乘。

方等的**方**字，是方正。

等字，是平等。

方等經典，就是說方正平等的佛道經典。

六念，是**念佛**、**念法**、**念僧**、**念戒**、（是念種種的戒法。）**念施**、（是念布施，可以除眾生的慳心、貪心。慳，是器量小。）**念天**。（修佛道的人，當然不應該念天，但是**天有五種**：

第一、**世間天**，像天王、天子等的天。

第二、**王天**，像四王天一直上去，到非想非非想天，是眾生可以生到這種天上去的天。

第三、**淨天**，是斷除煩惱，清淨沒有垢穢的天。

第四、**義天**，十位以上的菩薩，才能夠生到這種天上去。

第五、就是**第一義天**，第一義三個字，是最上、最高的意思，諸佛菩薩常住在這種天上，不生、不老、不病、也不死，永遠沒有變易的。）

發上面所說三種心的人，一定能夠往生到極樂世界。

釋

還有三種眾生，也應該往生的。

第一、有慈悲心，不殺害生命的人，和完全守住種種戒法的人。

第二、讀誦大乘佛法（讀，是看了經書，出聲念。誦的，是不看經書，不出聲的念。）和講方正平等佛理的一切經典的人。

第三、是修行念佛、念法、念僧、念戒、念施、念天六種的人，還要把所修的三種功德，都回向到往生極樂世界的願心上去，求願往生到極樂世界。

完全修滿這三種功德的修行人，就能夠最快從一日起，或是二、三日，或是四、五日，最多不超過七日，一定能夠往生了。

生彼國時，此人精進勇猛故，
阿彌陀如來，與觀世音、大勢至，無數化佛，
百千比丘，聲聞大眾、無量諸天，七寶宮殿。
觀世音菩薩，執金剛臺，與大勢至菩薩，至行者前。
阿彌陀佛，放大光明，照行者身。
與諸菩薩，授手迎接。

解

精進，是專心不懶惰的意思。

勇猛，是向前不退縮的意思。

聲聞，是小乘，專心修苦集滅道四諦法的。（四諦法，講起來很複雜，若是要詳細曉得，可以請一本心經白話解釋來看看，就明白了。）

執字，是捏的意思。

授手，是伸出手來的意思。

釋 這個往生的人，已經生到了極樂世界去的時候，因為他修行發願，非常的勤懇向前，所以阿彌陀佛和觀世音菩薩、大勢一菩薩，還有多到沒有數目可以計算的化佛、成百成千的比丘、聲聞、許多許多的人、無數的天上人，在七寶裝飾成的宮殿，都來迎接。觀世音菩薩手裏，拿了金剛做成的寶臺，和大勢至菩薩，到這個修行人的面前來。

阿彌陀佛放出很大的光明，來照這個修行人的身體，並且和許多菩薩，都伸出手來迎接這個修行人。

觀世音、大勢至，與無數菩薩，讚嘆行者，勸進其心。行者見已，歡喜踴躍。自見其身，乘金剛臺，隨從佛後，如彈指頃，往生彼國。

解

踴躍，是跳的意思，是非常高興的表示。

頃字，是極短的時間。

觀世音菩薩、大勢至菩薩、和無數的菩薩，稱讚嘆美這個修行人，並且還勸導他，希望他的願心漸漸的進步。

釋

修行人見到了觀世音菩薩、大勢至菩薩和許多大菩薩，非常歡喜而跳躍。他自己見到自己的身體，坐在金剛臺裏，跟隨在佛的後面，只有彈指的剎那間，就生到極樂世界去了。

生彼國已，見佛色身，眾相具足。見諸菩薩，色相具足。光明寶林，演說妙法。聞已，即悟無生法忍。

解

色相，和色身眾相一樣的，也是色身的種種形相。

悟，本來是開悟的意思，也就是證到、得到的意思。

釋

這個修行人已經生到了極樂世界去，見到佛的色身，種種的好形相，完全都有的。

見到許多菩薩的色身，也是種種的好形相，完全都有的。光明很大的七寶樹林，自然的演講奇妙的佛法。修行人聽到了，就證得了無生法忍。（**無生法忍**，是沒有生也沒有滅，就是了脫生死。在前面初觀裏，詳細講過的。）

經須臾間，歷事諸佛，徧十方界。
於諸佛前，次第授記。
還至本國，得無量百千陀羅尼門。
是名上品上生者。

解

須臾，是片刻的意思。

次第，是依次的意思。

陀羅尼，是梵語，翻譯成中文，是總持兩個字。總字，是不分散的意思。持字，是拿住了不放的意思。

釋

在片刻的短時間，這個修行人就能夠經歷、服侍許多許多的佛，周遍在十方世界。

在許多佛面前，依先後的次序，接受許多佛為他授記以後成佛的名號。

這個修行人回到自己的國土去，就得到無量數的陀羅尼法門。陀羅尼有四種：

一、**法陀羅尼**，是把佛所教的一切，總持不忘。

二、**義陀羅尼**，是說把佛法的義理，總持不忘。

三、**咒陀羅尼**，是說奇妙不可以揣測的神咒，總持不忘。

四、**忍陀羅尼**，是把一切佛法真實的相，能夠定心安住，總持不忘。

這是上品上生的修行人。

上品中生者，不必受持，讀誦方等經典。善解義趣，於第一義，心不驚，深信因果，不謗大乘。以此功德，回向願求生極樂國。

解

趣字，和味字差不多的意思。

義趣，就是義理的趣味。

第一義，是實在的真理，是最高、最上沒有更勝過的義理，所以稱第一。

謗，是毀謗，就是說壞話的意思。

釋

上品中生，是九品往生的第二品。

這上品中生的修行人，不一定要讀誦方等經典。

只要把佛經的文句，（文句、就是經文的字句。）那怕少到一二句，或是一個偈的意義趣味，能夠深切的明瞭。還能夠把這個心，安住在佛法裏深奧廣大的真理上面，不被旁的種種外道邪說所搖動誘惑，深切相信因果的道理，不說大乘佛法壞話。

把這樣種種的功德，回向到求生極樂世界的願心上去。

行此行者，命欲終時，阿彌陀佛，與觀世音，及大勢至、無量大眾、眷屬圍繞。持紫金臺，至行者前，讚言：法子，汝行大乘，解第一義，是故我今來迎接汝。與千化佛，一時授手。

解

第一個**行**字，是修行的意思。

眷屬，不一定是自己的家屬親戚，在佛教裏，凡是一同修學佛法的人，或是皈依的弟子等，都可以稱眷屬的。

紫金，是金裏面最上等的金。

法子，是傳佛法的人。

釋

修上面所說各種功德的修行人，到了壽命快要完了的時候，阿彌陀佛和觀世音、大勢至兩大菩薩，還有無量數的聖人、賢人，一起修學佛法的人，都圍繞住了這個修行人。

阿彌陀佛拿了紫金臺，到修行人的面前，稱讚這個修行人，叫他一聲法子道：你能夠修行大乘佛法，明白了解最上的義理，所以我現在來迎接你。

阿彌陀佛就和上千的化佛，在同一個時候都伸出手來，握這個修行人的手。

行者自見，坐紫金臺，合掌叉手，讚嘆諸佛。如一念頃，即生彼國，七寶池中。此紫金臺，如大寶華，經宿則開。行者身作，紫磨金色，足下亦有，七寶蓮華。

解

叉手，是把十只手指交叉起來。

宿字，是一夜的意思。

經宿，是經過一夜。

紫磨金的**磨**字，是沒有一些些垢穢的意思，完全是潔淨的金。

釋

這個修行人，自己看見自己坐在紫金臺裏，雙手合攏了，十指交叉了，口稱讚、嘆美諸佛。

好像轉一個念頭的極短時間，就生到了極樂世界的七寶池裏去了。

這一座紫金臺，像一朵很大的珠寶裝飾而成的蓮花，經過一夜，蓮花就開了。

這個修行人的身體，就變成紫磨金的顏色，他的足底下也有了七寶蓮花。

佛及菩薩，俱放光明，照行者身，目即開明。因前宿習，普聞眾聲，純說甚深，第一義諦。即下金臺，禮佛合掌，讚嘆世尊。

解

這個**宿**字，是前世的意思。

習字，是修學的意思。

純說，是專門說一種佛法，不是夾雜的說說這種，又說說那種。

釋

阿彌陀佛，和觀世音、大勢至兩大菩薩，同時都在兩眉中間放出光來，照在這個修行人的身上。這個修行人照到了光，他的兩眼就睜開了，（睜字，就是張開眼的意思。）明亮了。

因為他前世，或是前前世修學過佛法，聽到過佛法的義理，所以他能夠普遍的聽到眾佛的聲音，都在專門說一種極深奧、最高妙的真實道理。

這個修行人聽到了，就從紫金臺下來向佛頂禮，合了兩掌稱讚、嘆美佛的一切功德。

經於七日，應時即於，阿耨多羅三藐三菩提，得不退轉。應時即能，飛行徧至十方，歷事諸佛。於諸佛所，修諸三昧，經一小劫，得無生忍，現前受記。是名上品中生者。

解 **阿耨多羅三藐三菩提**是梵語，翻譯成中文，**阿**，是一個**無**字。**耨多羅**，是一個上字。**三**是一個**正**字。**藐**，是一個**等**字。**菩提**，是一個**覺**字。合起來說，就是**無上正等正覺**六個字。

把六字分開來講，**無上**，是最高、最上，沒有更高、更上的了。**正等**，是沒邪見、偏見的意思。（邪見，是邪的見解。偏見，是偏在一邊的見解，不是中正正當的見解。）**覺**字，是醒悟的意思。合起來解釋，是佛的智慧，就是**成佛**。

不退轉，是所修的功德，越修越上進，不會退失，也不會轉變。

應時，是立刻的意思。

受記，是修行人受到佛的記名，所以用這個受字。（是收進的意思。）前面所解釋的是佛為了修行人記名，所以用那個授字。（是給旁人的意思。）

釋

這個修行人生在寶蓮花裏，經過了七天，立刻就得到了佛的智慧，永遠不會退回轉下來了。

立刻得到神足通，能夠周遍的飛行到十方世界去，伺候、服侍十方的一切佛。

在一切佛所住的地方，修種種的正定法。經過了一小劫的時期，就證到了不生不滅、了脫生死的地位。當時就在佛的面前，受佛為他記成佛的名號。

這就叫上品中生的修行人。

上品下生者，亦信因果，不謗大乘。但發無上道心，以此功德，回向願求生極樂國。

解

無上道，是最高、最上的佛道，就是求成佛的心。

釋

上品下生，是九品往生的第三品。

這樣的修行人，也是很相信因果的，也是不謗毀大乘佛法的。

他能夠發最高、最上求成佛的心，他把這種功德，回向到發願求生到極樂國土上去。

行者命欲終時，阿彌陀佛，及觀世音、大勢至，與諸菩薩，持金蓮華，化作五百化佛，來迎此人。五百化佛，一時授手，讚言：法子，汝今清淨，發無上道心，我來迎汝。

解

清淨，是說身、口、意三業，都沒有罪惡垢穢，所以叫清淨。

釋

這個修行人的壽命，要完盡的時候，阿彌陀佛和觀世音、大勢至、還有許多的菩薩，拿了金的蓮花，化成五百尊佛，來迎接這個修行人。五百尊化佛，大家都同時伸出手來迎接他。還同聲稱讚他道：法子！你現身、口、意三業都很清淨了，並且還發了求成佛的心，所以我來迎接你。

見此事時，即自見身坐金蓮華。坐已華合，隨世尊後，即得往生，七寶池中。一日一夜，蓮華乃開，七日之中，乃得見佛。雖見佛身，於眾相好，心不明了，於三七日後，乃了了見。

解

三七日，是三個七日，就是二十一日。

釋

這個修行人，看見了上面所說的佛，和許多菩薩拿了金蓮花來迎接他的時候，他就見到自己的身體坐在金蓮花裏。坐好了，花就合起來了，他跟隨在佛的後面，就生到極樂世界的七寶池裏去了。

經過了一日一夜，蓮花開了，在七天裏，就見到了佛。

雖然見到了佛的全身，但是佛的種種相、種種好，心裏還是不明白，不清楚。要過了三七二十一日後，才能夠明明白白看清楚。

聞眾音聲，皆演妙法。遊歷十方，供養諸佛。於諸佛前，聞甚深法。經三小劫，得百法明門，住歡喜地。是名上品下生者。是名上輩生想，名第十四觀。

解

法，是一百種的法。

第一、是心法，總共有八種：眼識、耳識、鼻識、舌識、身識、意識、（又叫第六識。）末那識、（又叫第七識。）阿賴伊識。（又叫第八識。末那、阿賴伊、都是梵語，因為沒有翻譯中文的名稱，所以叫第七識、第八識。）

第二、是心所有法，總共有五十一種。

偏行五種，觸、受、思、想、作意。

別境五種，欲、勝解、念、定、慧。

善十一種，信、慚、愧、無貪、無瞋、無癡、精進、輕安、不放逸、行捨、不害。

煩惱六種，貪、瞋、癡、慢、疑、惡見。

隨煩惱二十種，忿、恨、覆、惱、嫉、慳、誑、諂、害、憍、無慚、無愧、掉舉、惛沉、不信、懈怠、放逸、失念、散亂、不正知。

不定四種，悔、睡、尋、伺。

第三、是色法，總共有十一種：眼、耳、鼻、舌、身、色、聲、香、味、觸、法處所攝色。

第四、是不相應行，總共有二十四種：得、命根、眾同分、異生性、無想定、滅盡定、（滅盡定，在下邊八解脫，有解釋的。）無想事、名身、句身、文身、生、老、住、無常、流轉、定異、相應、勢速、次第、方、時、數、和合性、不和合性。

第五、是無爲，總共有六種：虛空無為、擇滅無為、非擇滅無為、不動無為、想受滅無為、真如無為等種種法。

恰巧是一百種，所以叫百法。（因為這一百種法，解釋起來，非常的複雜，並且和修十六觀沒有關係，我無法詳細解釋，所以不另詳述。大家曉得一些名稱就可以了。）

明字，是菩薩登了歡喜地，（十位地裏的第一位，歡喜地。第二離垢地。第三發光地。第四燄慧地。第五極難勝地。第六現前地。第七遠行地。第八不動地。第九善慧地。第十法雲地。

菩薩從起初修行起，要經過十信、十住、十行、十回向、十地、等覺菩薩，妙覺菩薩，五十二個位子，才能夠成佛。）所得到的智慧門，因為智慧能夠通到百法的真性，所以叫**明門**。

上輩，就是上品。

釋 修行人過了二十一日，不但能夠明明瞭瞭見到佛的種種相、種種好，並且還能夠聽到種種的聲音，演講最高妙的佛法。

這個修行人到十方世界去，遊歷供養十方世界的諸佛。

在諸佛的面前，又聽到極深奧奇妙的各種佛法。

經過了三小劫的時期，智慧漸漸的增加起來了，所有佛道裏一百種的智慧門，都修完全了，就可以從十信、十住、十行、十回向，一直安住在十地裏的第一位歡喜地了。

這就叫上品下生的修行人。

這種觀想，就叫上輩生想，也就是第十四觀。

佛告阿難，及韋提希：
中品上生者，若有眾生，受持五戒，持八戒齋。
修行諸戒、不造五逆、無眾過患。
以此善根，回向願求生於西方極樂世界。
臨命終時，阿彌陀佛，與諸比丘、眷屬圍繞，
放金色光，至其人所，演說苦、空、無常、無我。
讚嘆出家，得離眾苦。

解

中品上生，是九品往生的第四品。

五戒，是不殺生、不偷搶、不邪淫、不說假話、不飲各種酒。

五逆，是殺父、殺母、殺害阿羅漢、破壞僧眾、出佛身血，犯這種罪的人，都要墮落到無間地獄去的，所以稱做逆。

出家，是脫離俗家，專心修學佛道。

釋

佛又囑咐阿難和韋提希道：如何可以修到中品上生呢？

若是有眾生能夠受五種戒法，或是受八種戒法，（**八戒齋**，在前面目犍連授王八戒一節底下，有詳細解釋。）守住了不破戒。別種的戒法，也能夠修不造五種大逆的罪，沒有種種的過失災難，這個人就種了善功的根了。

能夠用這種善根來發願心，回向到求生極樂世界上面。這個修行人到了壽命快要完的時候，阿彌陀佛，和許多比丘、眷屬，都圍繞著這個修行人。阿彌陀佛兩眉中間放出金色的光來，照到這個修行人所住的地方。演講苦、空、無常、無我的道理。（苦、空、無常、無我、前面第一觀，已經解釋過了。）

稱讚、嘆美這個修行人，出家修行的功德，就能夠離開種種的苦惱。

行者見已，心大歡喜。自見己身，坐蓮華臺，長跪合掌，為佛作禮。未舉頭頃，即得往生，極樂世界，蓮華尋開。

解

尋字，和即字差不多的意思，不過沒有即字那麼快。

釋

這個修行人見到了阿彌陀佛放金色光，心裏非常的歡喜。自己看見自己的身體，坐在蓮花臺裏，雙膝跪在地上，兩手合攏了，向佛行禮。

還沒有抬起頭來的剎那，已經往生到極樂世界，所坐的蓮花也就開了。

當華敷時，聞眾音聲，讚嘆四諦。應時即得，阿羅漢道、三明六通，具八解脫。是名中品上生者。

解

敷字，是開放的意思。

諦字，是真實的意思。

四諦，是四種真實的道理。第一、苦諦。第二、集諦。第三、滅諦。第四、道諦。

三明，是三種明。第一、天眼明。第二、宿命明。第三、漏盡明。

八解脫，是八種解脫。解脫，是能夠解放自由，不被種種煩惱束縛住，也可以叫**八背捨**。背捨，是厭恨、捨棄的意思。

第一、是內有色相，觀外色解脫。

第二、是內無色相，觀外色解脫。
第三、是淨解脫身作證，具足住。
第四、是空無邊處解脫。
第五、是識無邊處解脫。
第六、是無所有處解脫。
第七、是非想非非想處解脫。
第八、是滅受想定身作證具足住。（四諦、三明、八解脫、在後面的「釋」裏，就會解釋明白。）

釋 蓮花正在開的時候，往生的人，就聽到許多聲音，都是稱讚、嘆美聲聞所修的四諦法。

聲聞有四種分別，叫做四果。果字，是結果的意思，就是修到什麼功夫，結成什麼果。

第一、須陀洹。
第二、斯陀含。

第三、阿那含。

第四、阿羅漢。

一果比一果高。（阿羅漢果，也可以稱阿羅漢道。四種果名的意義，在阿彌陀經白話解釋，「皆是大阿羅漢」一句，心經白話解釋，「無苦集滅道」一句底下，都有詳細解釋。）

四諦：

第一、是**苦諦**：是欲界、色界、無色界的三界，（要曉得三界的情形，可以查看阿彌陀經白話解釋，「無量諸天大眾俱」一句底下，有詳細解釋。）和天、人、阿修羅、畜生、餓鬼、地獄、六道，種種的苦報。

第二、是**集諦**：集，是聚集的意思。聚集了貪、瞋、癡種種的煩惱，就造成種種的惡業，造了惡業，就會受到三界六道種種的苦報。所以集是苦的因，苦是集的果。

第三、是**滅諦**：就是滅除種種的苦。

第四、是**道諦**：道，是真實的佛道，能夠修了佛道，迷惑就完全覺悟了，所以道是滅的因，滅是道的果。

明白了四諦的道理，就可以證到聲聞了。

這個往生的人，聽到了四諦法，立刻就透徹的覺悟，所以證到了聲聞最高的阿羅漢道。並且三明、六通、八解脫，也都完全修到了。這就是中品上生的修行人。

三明，是三種明：就是天眼明、宿命明、漏盡明。三明和六通裏的天眼通、宿命通、漏盡通、（六通，在阿彌陀經白話解釋，「供養他方十萬億佛」一句底下，有詳細解釋。）是不一樣的。現在先把六通大略解釋了，再解釋三明，可以容易明白些。

六通，是天眼通、天耳通、他心通、宿命通、神足通、漏盡通。

天眼通：是不論日間、夜間，不論怎樣遠的地方，不論有什麼東西阻隔住了，都可以看得清清楚楚的。

天耳通：是不論怎樣遠、怎樣輕的聲音，或是不論那一種的話，都可以聽得清楚的。

他心通：是不論什麼人的心裏所轉的念頭，或是沒有看到過的書裏，所講的種種事情，種種道理，都可以曉得。

宿命通：是不論自己的，或是旁人的事情，不論這一世、前一世、前十百千萬世的事情，都完全曉得。

（**神足通**，在前面已經解釋過，所以不再解釋了。）

漏盡通的一個「漏」字，是譬喻一個破瓶，裝了水進去，就要漏出來。像人有了貪、瞋、癡等種種的煩惱，他的心思就會被這些煩惱牽引去，造出種種的業來。守不牢自己的心，就像漏水的瓶一樣。漏盡，是把這種漏的壞處都修補好了，把貪、瞋、癡種種的煩惱，去得清清淨淨，就得到了種種的神通，所以叫漏盡通。

天眼明：不只是得到了天眼的神通，還可以看得到這一世，受到這樣的樂報、苦報，都是前生、前前生所造的善業、惡業的因緣，叫做明。

宿命明：不但是得到了宿命的神通，還可以曉得造了各種善業、惡業的因緣，所以得到各種樂報、苦報，叫做明。

漏盡明：不只是得到了漏盡的神通，還能夠自己拿得定，使種種的煩惱，永遠不再生出來，叫做明。

八解脫：

第一、是**內有色想，觀外色解脫**。在佛經裏，凡是兩眼能夠看見的，都叫色。內，是指心裏，若是心裏有色的想念，就容易引起貪心來了，應該要觀想到外面種種的不清淨，使這個貪心不起來，所以叫解脫。

第二、是**內無色相，觀外色解脫**。就是心裏雖然沒有想念色的貪心，但是要使不起貪心的想念更加堅定，所以要觀想外面種種的不清淨，使得這個貪心，永遠不起來，所以叫解脫。

第三、是**淨解脫**、**身作證**、**具足住**。一心觀想光明、清淨、奇妙、珍寶的色，叫淨解脫。觀想這種淨色的時候，能夠不起貪心，可以表明觀想人的勝妙，可以證明他的心性是解脫，所以叫身作證。並且他的觀想，已經是完全圓滿，能夠安住在定中了，所以叫具足住。

第四、是**空無邊處解脫**。

第五、是**識無邊處解脫**。

第六、是**無所處解脫**。

第七、是**非想非非想處解脫**。

這四、五、六、七四種解脫，都是無色界天上修定的人，各個在自己修定的時候，觀想苦、空、無常、無我，使人生出厭離的心，願意捨棄一切，所以叫解脫。

第八、是**滅受想定身作證具足住**。滅受想定，也可以叫滅盡定，就是九種次第定裏，（九種次第定，講起來很複雜的，並且和這一節經文，沒有什麼關係，所以不講了。）功夫最高的一種定。受，就是領受的意思，一個人有了眼、耳、鼻、舌、身的五根，就要領受色、聲、香、味、觸的五塵（五根、五塵，講起來很複雜的，心經白話解釋裏，講得很詳細，可以請來看看。）領受了五塵，就要生出種種的妄想來了。若是沒有很深的定功，一定不能夠滅除受想的。能夠有滅除受想的定功，就什麼都能夠滅了，所以稱滅盡定。

三明、六通、八解脫、都修完全了，就叫中品上生。

中品中生者，若有眾生，若一日一夜，持八戒齋。若一日一夜，持沙彌戒。若一日一夜持具足戒，威儀無缺。以此功德，回向願求生極樂國。戒香熏修，如此行者，命欲終時，見阿彌陀佛，與諸眷屬，放金色光，持七寶蓮華，至行者前。

解

八戒齋，就是八戒。（前面已經解釋過。）因為第八戒不在吃的時間不吃，（就是過了午時不吃。）是齋法，所以叫八戒齋。

沙彌，是出家受十戒的男子。十戒的前五戒和五戒是完全一樣，後五戒如下。第六、是不著華鬘，不用好香塗在身上。第七、是不看跳舞，不聽歌唱。第

八、是不坐高大的床。第九、是過午不食。第十、是不藏金錢珍寶。

具足戒，是出家受二百五十戒的比丘戒。

香也可以叫功德香，是能夠守住各種戒法，這種守戒的功德，像香氣普遍熏到各處一樣。

釋 中品中生，是九品裏的第五品。

若是有眾生能夠一日一夜，完全守住八戒齋的、或是能夠一日一夜，完全守住沙彌戒的、或是能夠一日一夜，完全守住具足二百五十戒的，還要端端正正、有威嚴、有禮貌，一點也不違犯忽略。

把這種功德回向發願求生到極樂國去。

因為這修行人的功德香，已經周遍熏到了，所以這修行人到壽命快要完盡的時候，就見到阿彌陀佛和許多眷屬。大家都放出金色的光來，手裏拿了七寶的蓮花，到這個修行人的面前來。

行者自聞空中有聲，讚言：善男子！如汝善人，隨順三世諸佛教故，我來迎汝。行者自見坐蓮華上，蓮華即合，生於西方極樂世界。在寶池中，經於七日，蓮華乃敷。

解

隨順：是跟隨、順從的意思。

釋

這個修行人，自己聽到虛空裏有聲音稱讚道：善男子呀！因為你跟隨、順從過去、現在、未來、三世諸佛的教化，所以我來迎接你。

這個修行人聽到了這幾句話，看見自己坐在蓮花上面，蓮華就合起來了，修行人就生到西方極樂世界去了。

在七寶池裏，經過了七日，蓮花開放了。

華既敷已，開目合掌，讚嘆世尊。聞法歡喜，得須陀洹。經半劫已，成阿羅漢。是名中品中生者。

解

須陀洹是聲聞四果裏的第一果。

半劫是半個劫的時期，就是八萬四千年。（八萬四千年，是以半個小劫算的，因為下面中品下生的，只過一個小劫，就成阿羅漢。所以這個半劫，一定是小劫，不是中劫，更不是大劫了。）

釋

蓮花開放了，這個修行人就睜開了眼，合起了兩手，稱讚阿彌陀佛。因為他聽到了佛法，非常的歡喜，所以就證到聲聞的初果須陀洹。

經過了半個小劫的時期，就超過了二果斯陀含、三果阿那含，一直證到了阿羅漢道了。這就叫中品中生。

中品下生者，
若有善男子、善女人，孝養父母、行世仁慈，
此人命欲終時，遇善知識，
為其廣說，阿彌陀佛，國土樂事，
亦說法藏比丘，四十八願。
聞此事已，尋即命終。
譬如壯士，屈伸臂頃，即生西方，極樂世界。

解

善知識，是信佛法，能夠勸化旁人信佛的人。

壯士，是身強力大的人。

屈，是彎曲，

伸，是伸直。

釋 中品下生，是九品往生裏的第六品。

若是有相信佛法的善男子，或是善女人，能夠孝順父母、奉養父母，在世界上對待眾生，能夠發仁心、發慈悲心。

這樣的人，到了壽命快要完盡的時候，碰到了善知識，向他詳細說阿彌陀佛極樂國土種種的快樂，也說阿彌陀佛在出家修行，做法藏比丘的時候，所發的四十八個大願心。（四十八大願，詳細解釋起來很複雜。等到這本觀無量壽佛經白話解釋做成了，就要做無量壽經白話解釋。這四十八大願，在無量壽經白話解釋裏，一定要詳細講的，這裏便不另述了。）

這個修行人聽到了極樂國土種種快樂的事情，和阿彌陀佛的四十八個大願後，壽命就完盡了。

有如像身強力大的人，把他的臂膊，屈一屈、伸一伸的剎那，已經生到西方極樂世界去了。

經七日已，遇觀世音，及大勢至，聞法歡喜，得須陀洹。過一小劫成阿羅漢。是名中品下生者。是名中輩生想，名第十五觀。

解

已字，是已經過去的意思。

遇字，是碰到的意思。

釋

這個修行人生到了西方極樂世界，經過了七日，碰見觀音世、大勢至兩大菩薩。聽到大菩薩的說法，非常的歡喜，就證到了初果須陀洹。

過了一小劫的時期，功夫漸漸的深了，就證到阿羅漢。

這就叫中品下生的往生人。

所有中品上生、中品中生、中品下生，總稱中輩生想，也叫第十五觀。

佛告阿難，及韋提希：下品上生者，或有眾生，作眾惡業，雖不誹謗，方等經典，如此愚人，多造惡法，無有慚愧。命欲終時，遇善知識，為說大乘十二部經，首題名字。以聞如是，諸經名故，除却千劫，極重惡業。智者復教，合掌叉手，稱南無阿彌陀佛。稱佛名故，除五十億劫，生死之罪。

解

誹字，是心裏想說壞話、批評人的念頭。

謗字，是口裏說壞話、咒罵人。

慚愧，就是羞恥心，俗語叫做丟臉。

十二部經，就是經文的體裁和性質，分為十二類：第一、契經，也稱長行。第二、重頌。第三、諷誦，又叫孤起頌。第四、因緣。第五、本事。第六、本生。第七、未曾有。第八、譬喻。第九、論議。第十、自說。第十一、方廣。第十二、授記。

首題名字，是經的題目，就是經的名稱，像觀無量壽佛五個字，就是這部經的名稱。

智者，是有智慧的人，也可以說就是善知識。

南無，是梵語，翻譯成中文，有許多說法，最常說的，是皈命兩個字。就是把自己的身命皈託佛菩薩的意思。

釋 佛又囑咐阿難和韋提希道：下品上生，是九品裏的第七品。若是有些眾生，造了種種的惡業。雖然心裏沒批評方等經典的念頭，口裏也沒有說方等經典的壞話，但是愚癡不明白道理的人，造了許多的惡業，一點也不曉得羞恥。

到了壽命快要完盡的時候，碰到了善智識，向他說大乘十二部經的各種名稱。

這個人因為聽到了許多經的名稱，就滅除了一千劫所造極重的惡業。

這有智慧的善知識，又教他合起了兩掌，叉起了兩手，向佛稱南無阿彌陀佛。

因為他稱念佛名，又除滅了五十億劫生了又死、死了又生的罪。

大家要曉得，稱念佛名的利益這樣的大，還可以不趕緊至誠懇切的念佛嗎？

爾時，彼佛，即遣化佛、化觀世音、化大勢至，至行者前，讚言：善男子，以汝稱佛名故，諸罪消滅，我來迎汝。作是語已，行者即見，化佛光明，徧滿其室。見已歡喜，即便命終。乘寶蓮華，隨化佛後，生寶池中。經七七日，蓮華乃敷。

解

彼佛，是說阿彌陀佛。

遣字，是差的意思。

以字，是因為的意思。

七七日，是七個七日，就是四十九日。

釋 這個修行人正在合掌叉手，稱念阿彌陀佛的時候，阿彌陀佛就差遣化身的阿彌陀佛、化身的觀世音菩薩、化身的大勢至菩薩、到這個修行人的面前，稱讚這個修行人道：善男子呀！因為你稱念佛名，你所造的許多罪，都消滅了，所以我來迎接你。

化佛說完了這幾句話，這個修行人就看見化佛所放的光明，周遍照滿在這個修行人的房屋裏。

這個修行人見到了化佛放的光，心裏很歡喜，他在這個世界上的壽命，也就完盡了。

他就坐在寶蓮花裏，跟在化佛的後面，生到七寶池裏去了。經過了四十九日，蓮花開放了。

當華敷時，大悲觀世音菩薩，及大勢至菩薩，放大光明，住其人前，為說甚深，十二部經。聞已信解，發無上道心。經十小劫，具百法明門，得入初地，是名下品上生者。

解

信字，是信佛道。

解，是明白了解經裏的義理。

具字，是這個修行人，已經完全有了百法明門的知識了。

釋

在蓮花開放的時候，大悲觀世音菩薩、和大勢至菩薩，放出很大的光明來，停住在這修行人的前面，兩大菩薩向他說十二部經很深奧的義理。這個修行人聽到了，都能夠信，都能夠明白了解，並且就發了修成佛道的大願心。

經過了十個小劫，百法明門（在前邊第十四觀裏，已經詳細解釋過。）也都完全修學成了，就得到了十地位的第一位。這就叫下品上生。

佛告阿難，及韋提希：下品中生者，或有眾生，毀犯五戒、八戒及具足戒。如此愚人，偷僧祇物，盜現前僧物，不淨說法，無有慚愧，以諸惡業，而自莊嚴。如此罪人，以惡業故，應墮地獄。命欲終時，地獄眾火，一時俱至。

解

僧祇，是比丘、比丘尼。

不淨說法，有五種。

第一、是說虛妄語。

第二、是只說世法上的話，不說佛法。

第三、是飲酒，吃五辛，（五辛，是五種又苦又辣又臭的菜類，像韭菜、大蒜、蔥、蒜苗、小蒜都是的。）和犯淫，（不論正淫、邪淫，都是犯淫。）或是身上不淨，穿了法衣（法衣，是出家人所穿的衣。）到佛堂裏去污穢三寶。

第四、說信佛的人和有道德的人的壞話。

第五、是為了貪旁人給他吃，給他錢，向人隨意亂說佛法。

釋 佛又囑咐阿難和韋提希道：下品中生，是九品往生裏的第八品。有些眾生破壞違犯五戒八戒的，有些破壞違犯具足戒的。（具足戒，是完全的戒法，也可以稱大戒，就是比丘的二百五十戒，比丘尼的三百四十八戒。廑空大法師說，依據四分律上，比丘尼三百四十八條戒。梵網經上，說比丘尼五百戒，查考各種律書，都沒有比丘尼五百戒的說法。律書，就是講出家人應該守各種戒的書。）

像這樣愚癡的人，偷比丘、比丘尼、大眾的東西。偷旁人供養比丘、比丘尼吃的、穿的東西。不依照佛的道理，專門把不清淨的世間法，向大眾人演說。向旁人亂說違背佛理的妄語，害旁人墮落惡道，自己一點也不曉得羞恥，還要把所造的許多惡業，來遮飾自己。（這裏的莊嚴兩個字，只能夠當遮飾來講了。）

像這樣犯罪的人，因為他的惡業太多太大了，應該墮落到地獄裏去的。

到了他壽命快要完盡的時候，地獄裏各處的火，（上面所犯的各種重罪，都要墮落到無間地獄去的，所以有種種的火。）在同一個時候，一齊都要燒過來了。

遇善知識，以大慈悲，即為讚說，阿彌陀佛十力威德，
廣讚彼佛，光明神力。
亦讚戒、定、慧、解脫、解脫知見。

解

十力，是佛和菩薩，所有十種智慧力的用處。
這個**廣讚**的**廣**字，是多的意思。
神力，是有神通的能力。
戒，是五戒、八戒、各種戒法。
定，是心思安定不。
慧，是智慧。
解脫知見，和上面的十力，下面釋就會解釋清楚的。

釋 這個修行人，雖然碰到了地獄裏的種種火，但是幸好碰到了善知識，動了他大慈大悲的心，就向這修行人，稱讚演說阿彌陀佛十力的威嚴，十方的功德。**十力**：

第一、是**知覺處非處力**。（覺處，是曉得道理的意思，就是佛能夠曉得是道理、不是道理的智慧力。）

第二、是**知三世業報力**。（業報，是善業、惡業的報應。造善業，得樂報。造惡業，得苦報。就是佛能夠曉得一切眾生，過去、現在、未來三世業報的智慧力。）

第三、是**知諸禪解脫三昧力**。（就是佛能夠曉得各種禪定、八種解脫、三種三昧的智慧力。禪，是梵語，是禪那的簡略說法，翻譯成中文，是靜慮兩個字。就是靜定了心思，參想佛法的理。慮，就是參想的意思。禪的道理很深的，修禪的法門很多的，大略說說也有十二種，所以叫諸禪。解脫，到下面有詳細解釋的。**三昧**有三種：

第一是**空三昧**。就是觀察種種的法，都是有了因，有了緣，才生出來的。

凡是有了因，有了緣，生出來的一切法，都是虛假的，沒有實在體質的，所以叫空。

第二是**無相三昧**。色、聲、香、味、觸、男、女、生、異、滅十種，都是虛妄的相，想要證到涅槃，一定要離開這十種虛妄相。離開了這十種虛妄相，就是一切相都沒有了，所以叫無相三昧。

第三是**無願三昧**。也可以叫無作三昧。作，是造作，就是有心做出來的意思。苦和無常，沒有一個人不願意捨棄的，也沒有一個人願意去造作的，所以叫無願三昧。

生異滅，就是生、住、異、滅四種相，除去了住相，就只有生、異、滅三種相了。我們世界上，不論什麼法，一定是先有生，等到已經生了還沒有滅，在那暫時停頓的短時間，叫住。但是住又不會常住的，忽然又要改變的，在這改變的時候，叫異。究竟還是要沒有的，還是要歸到滅的一條路上去的，叫滅。涅槃，是梵語，翻譯成中文，就是沒有生、也沒有滅、了脫生死的意思。）

第四、是**知他衆生諸根上下相力**。（就是眾生有上等利根的，也有下等鈍根的，佛都能夠曉得他們的相的智慧力。）

第五、是**知他衆生一切欲力**。（就是一切眾生，種種的貪欲，佛都能夠曉得的智慧力。）

第六、是**知世間種種無數性力**。（就是世界上所有無數眾生的性，各個不同，佛都能夠曉得的智慧力。）

第七、是**知一切道至處相力**。（像修了五戒十善，能夠生在人道、天道。

修了八正道等無漏法，能夠證涅槃。佛曉得修什麼道，成什麼相的智慧力。八正道：第一正見。第二正思惟。第三正語。第四正業。第五正命。第六正精進。第七正念。第八正定。這八種正道。講起來很複雜的，所以只把名稱提出來不詳細解釋了。若是要曉得詳細，在阿彌陀經白話解釋，「彼國常有種種奇妙雜色之鳥」一節底下，解釋得很清楚的，可以查看的。

無漏，是修得很完密的，不會漏掉的意思。）

第八、是**知天眼無礙力**。（佛用天眼來看眾生生的時候，和死的時候的相，是端正的、或是醜惡的。死了生到善道去的、或是墮落到惡道去的，都能夠完全看見的智慧力。）

第九、是**知宿命共相共因緣力**。（佛能夠曉得眾生經過百千萬劫，一直到現在，一世一世，是什麼姓名、境界、苦樂、壽命長短的智慧力。）

第十、是**知永斷習氣力**。（習氣，是凡夫有的一種慣常的壞習慣，佛已經得到了無漏智慧解脫，凡夫所有的一切妄想迷惑的習氣，也已經永遠斷絕的智慧力。）

還要詳詳細細稱讚阿彌陀佛的光明神通的力用，（力用，就是力量的作用。）也稱讚戒、定、慧三種法。

戒定慧，是修佛法最要緊最重大的三種法。

戒，是身業、口業、意業，一點也不犯。（身業，就是五戒裏的殺盜淫三業。口業，就是妄言、綺語、兩舌、惡口。意業，就是轉惡的、邪的念頭。）

定，是一心一意專門修學佛法，沒有一點不合佛法的妄念，或是看到了，聽到了，違背佛法的邪說，而搖動自己的心。

慧，就是智慧，常常用智慧來觀照自己的心性，只修種種的善業，不造一點一點的惡業。

解脫的**解**字，是離開束縛的意思。**脫**字，是自由自在的意思。

解脫有八種。

第一、**內有色相**，**觀外色解脫**。（是心裏有了色和想，兩種貪欲的壞念頭，就要趕快滅除他。要滅除這種貪欲心，應該要看到身外的種種不潔淨，那就覺得沒有什麼可以貪了，也沒了什麼可以愛了，貪欲心就自然不會起來了，就解脫了。）

第二、**內無色相**，**觀外色解脫**。（就是心裏雖然不起色和想的貪欲，但是要使不起的心更加堅固，還是要看身外的種種不潔淨，才可以使得這貪欲的心，永遠不起來，所以叫解脫。）

第三、**是淨解脫**、**身作證**、**具足住**。（就是不看污穢的色，只看清淨的色，叫淨解脫。在用定功的時候，連淨的相，都要完全除滅，只見到光明清淨的色。雖然見到了清淨的色，還是不起貪欲的心，那就是這個身體證得了性解脫了，所以叫身作證。這種解脫，完全圓滿能夠常住在定上，所以叫具足住。性解脫，是說把這個心完全離開各種定功的障礙，能夠入滅盡定，這個本來有的真性，就解脫了。

具足，就是完全圓滿的意思。

滅盡定，下面就會解釋清楚的。）

第四、**空無邊處解脫**。

第五、**色無邊處解脫**。

第六、**無所有處解脫**。

第七、**非想非非想處解脫**。

這四種、都是無色定的解脫名稱。（天總共有二十八層，分做欲界、色界、無色界、三界。最高的無色界，有四層天，就是空無邊處天、色無邊處天、無所有處天、非想非非想處天。因為第四、第五、第六、第七四種解脫，就是無色界各天上的天人修的，所以就把天的名稱，做了解脫的名稱，總名就叫無色解脫。）在無色定天上的人，就修這四種無色定解脫，各個在所修的定上，觀照苦、空、無常、無我四種法，覺得這種有生死的世界，實在可厭，一定要捨棄的，所以都叫解脫。

第八、**滅受想定身作證具住**。（具住，和具足住一樣的意思。）也可以叫滅受想定。（受，是領受了外邊種種的境界，就轉種種的妄想，沒有停歇的時候。這受和想兩種的虛妄法，是修定功最不相宜的，所以一定要滅除，不讓它起來的。）

解脫知見，是已經切實明白解脫的意義，見到解脫的真相，不再受束縛的意思。

修行的人，從修戒得到定功，從修定生出慧來，從修慧得到解脫，從解脫得到解脫知見，這五種法，都是修成佛的功德。這五種功德，修到功夫深了，就成佛了。

此人聞已，除八十億劫，生死之罪。地獄猛火，化為清涼風，吹諸天華。華上皆有，化佛菩薩，迎接此人。如一念頃，即得往生，七寶池中，蓮華之內。

解

猛字，是厲害的意思。

釋

這個修行人聽到了善知識的演說，稱讚種種佛法，就滅除了他八十億劫那麼長時期所造的生生死死的罪。

地獄裏發出很厲害的火，也化成清快涼爽的風，吹到許多天花上面去。這許多天花上面，都有化佛、化菩薩來迎接這個修行人。像轉一個念頭的短時間，就得生到七寶池的蓮花裏去了。

經於六劫，蓮華乃敷。
觀世音、大勢至，以梵音聲，
安慰彼人，為說大乘，甚深經典。
聞此法已，應時即發，無上道心。
是名下品中生者。

解

梵音聲，是大梵天上的天人所發的聲音。梵音有五種好處。
第一、音聲正直。
第二、音聲和平雅致。
第三、音聲又清，又透徹。
第四、音聲又沉著，又渾滿。
第五、音聲可以周遍到遠地方也能夠聽到。

發無上道心，就是發成佛的心。

釋

這個修行人在蓮花裏，經過了六個大劫，蓮花才開放。

蓮花開放時，觀世音、大勢至、兩大菩薩，用很清淨的音聲安慰他，向他說大乘法很深的經典。

這個修行人聽到了這種佛法，立刻就發了成佛的心。

這就叫下品中生。

佛告阿難，及韋提希：下品下生者，或有眾生，作不善業、五逆十惡、具諸不善。如此愚人，以惡業故，應墮惡道，經歷多劫，受苦無窮。

解

五逆，是殺父、殺母、殺阿羅漢、出佛身血。（傷佛的身體，使得佛身體上出血。）破和合僧。（許多僧眾，和合在一處，做佛事、修佛道，不但是不幫助他們，倒反在旁邊挑撥破壞他們，使得僧眾互相鬥爭，荒廢佛事。）

十惡，是殺生、偷盜、邪淫、妄語、（說虛假的話。）兩舌、（搬弄是非。）惡口、（用惡毒的話來咒罵人。）綺語、（說輕薄話。）貪欲、瞋恚、（發火。）邪見、（不正的見解。）

釋 佛又囑咐阿難和韋提希道：下品下生，是九品裏的最末後的一品。若是有眾生造種種不善的業，像五種很大的忤逆罪，十種很大的惡業，種種不善的事，大半都犯全了。

像這樣愚癡的人，因為他惡業造得太多了，應該要墮落到地獄、餓鬼、畜生三種惡道裏去的，在惡道裏，要經歷過許多劫數，受種種的苦，無窮無盡。

如此愚人，臨命終時，遇善知識，種種安慰，為說妙法，教令念佛。彼人苦逼，不遑念佛。善友告言：汝若不能念彼佛者，應稱無量壽佛。

解

不遑，是心思慌亂，來不及念。

彼佛，是指阿彌陀佛。

釋

這樣愚癡的人，到了他壽命完盡的時候，碰到了善知識用種種的方法安慰他，向他演說種種很妙的佛法，還教他稱念阿彌陀佛的名號。

但是這個愚癡人，被種種痛苦所逼迫，沒有心思可以念佛。

這個善知識（善友，就是善知識。）又向他說道：你若是不能夠念阿彌陀佛，應該稱念無量壽佛。（阿彌陀佛，就是無量壽佛。無量壽佛，就是阿彌陀佛，怎麼不會念阿彌陀佛，又會念無量壽佛呢？因為人都是貪生怕死的，勸他念無量壽佛，這個人容易依從，所以就念了。）

如是至心，念聲不絕，具足十念，稱南無阿彌陀佛。稱佛名故，於念念中，除八十億劫，生死之罪。

解

至心，是極真誠懇切的心。

十念，就是十念法儘一口氣念佛，不論念多少聲，連念十口氣。

釋

這個人聽到教他念無量壽佛，恰好合了他貪生怕死的念頭，就很誠懇的念。念佛的聲音，接續不斷的一口氣念十聲，念滿十口氣的南無阿彌陀佛。

因為他稱念佛名，在他一個念頭一個念頭不停的想念佛，就滅除了他八十億劫所造的生了又死、死了又生的罪。

命終之時，見金蓮華，猶如日輪，住其人前。如一念頃，即得往生，極樂世界。於蓮華中，滿十二大劫，蓮華方開。

解

日輪，就是太陽；因為太陽是圓的，像輪盤那樣的，所以叫日輪。

釋

這個念佛人到了壽命要完盡的時候，就見到一株金的蓮花，像太陽那樣團圓的停住在他的面前。

只有轉一個念頭的極短時間，這個人就往生到極樂世界去了。

在蓮花裏，經過十二個大劫，蓮花才開放，比了上品往生的不曉得要遲多少倍了。

當花敷時，觀世音、大勢至，以大悲音聲，為其廣說，諸法實相，除滅罪法。聞已歡喜，應時即發菩提心。是名下品下生者。是名下輩生想，名第十六觀。

解

凡是忽然生、忽然滅，不是常住不變的相，都是虛妄的，不是真實的。實相，是離一切虛妄的相，歸到真實的理上去。

諸法實相，是所有一切的法，都是真實的，不是虛妄的，都是常住不變的，沒有忽生忽滅的。

釋

這個修行人到蓮花開放的時候，就見到觀世音、大勢至兩大菩薩，對了他發出大悲的聲音來，（大悲音聲，是聲音裏帶有又懇切、又有哀憐旁人的心思，幾乎像哭出來的聲音。）向他詳詳細細講演一切佛法真實的道理，和能夠滅除種種罪惡的法門。

這個人聽到了兩大菩薩的說法，心裏非常歡喜，立刻就發動了修成佛道的心。

這就叫下品下生。

連上面下品上生、下品中生，一併叫做**下輩生想**，也就叫第十六觀。

所有十六種觀想法，到這裏完全講說圓滿了。

說是語時，韋提希，與五百侍女，聞佛所說，應時即見，極樂世界，廣長之相，得見佛身，及二菩薩。心生歡喜，嘆未曾有。豁然大悟，逮無生忍。

解

侍女，是侍奉韋提希的女子。

曾字，是有過的意思。

豁字，是開通的意思。

豁然，是忽然很開通了，大大的明白了。

逮字，是得到了的意思。

釋

佛說完了上面許多話的時候，韋提希和伺候她的五百個女子，聽到了佛所說的話，立刻就看見極樂世界很大、很長的形相。並且也見到佛的身相，和觀世音、大勢至兩大菩薩。

韋提希和五百個侍女，因為心裏歡喜得很，大家讚嘆這種景象，從來沒有見過。心裏就忽然開通了，大大的覺悟了，就證到了無生忍。

五百侍女，發阿耨多羅三藐三菩提心，願生彼國。世尊悉記，皆當往生。生彼國已，獲得諸佛現前三昧。無量諸天，發無上道心。

解

獲字，本來是捉到的意思。

獲得，就是得到。

釋

五百個侍女，大家都發了無上正等正覺的心，（就是無上道心，就是成佛的心。）都願意生到西方極樂世界去。

佛看見他們都發了大願心，就為他們五百人，都記了將來成佛的名號。

並且往生到了西方極樂世界後，都能夠見到許多佛，顯現在他們面前。他們就得到了三昧，沒有一點點不正不定的心念了。

不但是五百侍女都發了無上道心，連無量無邊天上的人，也都發了無上道心了。

三、流通分

從下面「爾時阿難即從座起」兩句起，一直到末了「禮佛而退」一句，都是流通分了。

流字，是流傳開來的意思。

通字，是通行各處的意思。

無論那一部經，在正文說完後，要把佛所說的正文，永遠流傳到後世去，使得後世的人，都可以看到、聽到，都得到利益，像佛在世的時候一樣，所以叫流通分。

爾時，阿難，即從座起，白佛言：世尊！當何名此經？此法之要，當云何受持？佛告阿難：此經名觀極樂國土、無量壽佛、觀世音菩薩、大勢至菩薩。亦名淨除業障，生諸佛前。汝當受持，無令忘失。

解

此法，就是說十六種觀想法門。

釋

凡是佛在說經的時候，阿難一定在說經的法會裏奉侍佛，並且把佛所說的法完全記出，一點都不漏掉的，所以佛說法才說完，阿難就從他的座位上起來，向佛說道：世尊！這部經應該用什麼名稱？所說的十六種觀想法的重要地方，怎樣的領受？怎樣的記住？

佛回答阿難道：

這部經的名稱，叫**觀極樂國土、無量壽佛、觀世音菩薩、大勢至菩薩**。（現在稱觀無量壽佛經，是後世翻譯經文的大法師，簡單的叫法。）

也可以叫**淨除業障，生諸佛前**。（這一句的意思，是說業障滅除到清清淨淨，往生到諸佛的面前。）你應該領受記住，不可以忘掉的。

行此三昧者，現身得見，無量壽佛，及二大士。
若善男子，及善女人，但聞佛名、二菩薩名，
除無量劫，生死之罪，何況憶念？
若念佛者，當知此人，即是人中，分陀利華。
觀世音菩薩、大勢至菩薩，為其勝友。
當坐道場，生諸佛家。

解

分陀利華，是梵語，翻譯成中文，是白蓮花。西方蓮花，有青、黃、赤、白四種，在沒有開、快要開、已開、和花落，四個時候，顏色就變化四次。正在開放的時候，顏色是白的，像銀又像雪，有光的。這種蓮花很大，一朵花有幾百瓣的多，很香。這種花，在我們凡人世界上是沒有的。

勝友，是善友，有益的友。

道場，是修道的地方，佛坐在菩提樹下得道成佛的，所以成佛就叫坐道場。

諸佛家，是說諸佛的家裏，就是指極樂世界。

能夠得到正定功夫的修行人，就能夠在現在的一世上，見到無量壽佛和觀世音、大勢至兩大菩薩。

釋

若是善男子、善女人，只不過聽到無量壽佛和觀世音、大勢至兩大菩薩的名號，就能夠滅除無量劫生生死死的罪了，何況時時刻刻想念了！

若有稱念佛號的人，這個人就是人中分陀利華了。意思就是人裏面最好、最上的人，世界上少有的人了。

觀世音菩薩、大勢至菩薩，將做他有益的朋友。

將來能夠坐道場成佛，往生到極樂世界諸佛的家裏去。

佛告阿難：汝好持是語。持是語者，即是持無量壽佛名。佛說此語時，尊者目犍連、尊者阿難，及韋提希等，聞佛所說，皆大歡喜。

解

目犍連，和阿難的名字上，都加上**尊者**兩個字，是因為他們兩位年歲大，道德高的緣故。

釋

佛又囑咐阿難道：你要好好的記住我上面所說的話。能夠記住這些話，就是記住無量壽佛的名號。

在佛說這幾句話的時候，尊者目犍連、尊者阿難、和韋提希那些人都聽到了，大家都非常的歡喜。

爾時，世尊，足步虛空，還耆闍崛山。爾時，阿難，廣為大眾，說如上事。無量諸天、龍神、夜叉，聞佛所說，皆大歡喜，禮佛而退。

解

步字，是踏的意思。

還字，是回去的意思。

佛說法說完了，就踏在虛空裏，回到耆闍崛山去了。

釋

阿難因為佛好幾次囑咐他記住佛所說的法，所以阿難等到佛回去了，又向到法會裏來聽佛說法的大眾，把佛上面所說的種種事情、景象、法門，詳詳細細重行講演一遍。

所有在法會裏聽法的許多天上的人，和龍神、夜叉、聽到了佛所說的一切法，也都非常的歡喜，向佛行了禮，各個退去了。

新版　觀無量壽佛經白話解釋　終

心靈札記

黃智海居士簡介

黃智海居士（一八七五～一九六一），名慶瀾，字涵之，法名智海，上海人，前清貢生，曾任湖北德安宜昌知府。

後留學日本、回國後，創辦上海南華書局、上海三育中小學、上海法政學校。

一九一二年（民國元年），曾任上海火藥局局長、上海高級審判廳廳長。後又任浙江溫州甌海道道尹，一度兼任甌海海關總督，又調任寧波會稽道道尹，後又任上海特別市公益局局長。

一九二二年，上海佛教淨業社成立，被推為該社董事。

一九二六年，與王一亭、施省之、關絅之等發起組織上海佛教維持會，對維護佛教作出貢獻。

一九二九年，與印光法師等在上海覺園發起成立弘化社。

一九三五年，任中國佛教會常務理事。同年與胡厚甫等在上海覺園發起成立具有國際性的佛學團體——法明學會，任副會長。

一九三六年，任上海佛教徒護國和平會理事。是年，又任上海慈善團體聯合救災會副主任，兼任救濟戰區難民委員會副主任。

一九四五年，任中國佛教會整理委員會委員。

一九四七年，任中國佛教會上海市分會理事兼福利組主任。

隨後，當選為上海市人民代表及上海佛教淨業社社長。

一九五六年，被推為上海佛教淨業居士林名譽主任理事。

一九六一年，逝世，享壽八十七歲。

黃智海居士中年皈依佛教，是淨土宗印光法師弟子，對淨土宗頗有研究。所著「阿彌陀經白話解釋」及「初機淨業指南」兩書，當時譽為淨土宗初機最佳良導。

他晚年發願把「淨土五經」都寫成白話解釋，來弘揚淨土宗，後來他寫的「觀無量壽佛經白話解釋」、「普賢行願品白話解釋」都已出版。「無量壽經白話解釋」寫了一大半，因年老多病，沒有完成。

他還撰有「了凡四訓」「心經白話解釋」、「佛法大意」、「朝暮課誦白話解釋」等。他的著作，都是用淺顯通俗的白話文寫成，對全國各地佛教信眾起了廣泛的影響。

隨身版

觀無量壽佛經 白話解釋

觀無量壽佛經白話解釋 / 黃智海著.
-- 2版. -- 臺北市 : 笛藤, 2019.04
面 ; 公分
隨身版
ISBN 978-957-710-753-4(平裝)
1.方等部
221.34 108004272

2019年4月18日 2版第1刷 定價380元

作　　者	黃智海
監　　製	鍾東明
編　　輯	葉艾青
編輯協力	斐然有限公司
封面設計	王舒玗
總 編 輯	賴巧凌
發 行 所	笛藤出版圖書有限公司
發 行 人	林建仲
地　　址	台北市中山區長安東路二段171號3樓3室
電　　話	(02) 2777-3682
傳　　真	(02) 2777-3672
總 經 銷	聯合發行股份有限公司
地　　址	新北市新店區寶橋路235巷6弄6號2樓
電　　話	(02)2917-8022 · (02)2917-8042
製 版 廠	造極彩色印刷製版股份有限公司
地　　址	新北市中和區中山路2段340巷36號
電　　話	(02)2240-0333 · (02)2248-3904
郵撥帳戶	八方出版股份有限公司
郵撥帳號	19809050